国家社会科学基金后期资助项目“非物质文化遗产
资源转化研究”（编号：22FMZB003）支持

湖北省公益学术著作
Hubei Special Funds 出版专项资金
for Academic and Public-interest
Publications

中华凤文化研究书系

主编 刘玉堂 副主编 庞进

凤与
中国民俗

徐金龙 著

長江出版傳媒 | 湖北教育出版社

图书在版编目（CIP）数据

风与中国民俗/徐金龙著. --武汉：湖北教育出版社，2024. 6
（中华风文化研究书系/刘玉堂主编）
ISBN 978-7-5564-6124-0

Ⅰ. ①风⋯ Ⅱ. ①徐⋯ Ⅲ. ①风俗习惯—传统文化—研究—中国 Ⅳ. ①K892

中国国家版本馆 CIP 数据核字（2024）第 111523 号

风与中国民俗

出品人	方　平	策　　划	刘　艺　李作君
责任编辑	邓珍珍	责任校对	李庆华
封面设计	李　枫　张岑玥	责任督印	刘牧原

出版发行	长江出版传媒	430070　武汉市雄楚大道 268 号
	湖北教育出版社	430070　武汉市雄楚大道 268 号
经　　销	新　华　书　店	
网　　址	http://www.hbedup.com	
印　　刷	武汉市新华印刷有限责任公司	
地　　址	武汉市江夏区大桥新区邢远长街 18 号	
开　　本	710mm×1000mm　1/16	
印　　张	13.5	
字　　数	156 千字	
版　　次	2024 年 6 月第 1 版	
印　　次	2024 年 6 月第 1 次印刷	
书　　号	ISBN 978-7-5564-6124-0	
定　　价	58.00 元	

总 序

20 世纪 70 年代后期，歌曲《龙的传人》瞬间风靡大江南北、海峡两岸，令海内外中华儿女心旌摇荡、热血沸腾！然而，人们何曾想过，历史的真实却出人意料：中华民族不只是龙的传人，也是凤的传人，龙与凤都是中华民族和中华文化的象征，理应同享殊荣，不宜扬此而抑彼。

根据现已获取的信息，崇凤之俗似乎早于崇龙之俗。在浙江余姚河姆渡文化遗址出土的一块象牙上，雕刻着两只交体的凤，彼此仰首回眸相视，其间是一轮喷薄而出的太阳，这是迄今所见最早的双凤朝阳图。河姆渡文化时代为新石器时代早期，距今约 7000 年，与出土“黄河第一龙”的河南濮阳西水坡遗址和“长江第一龙”的湖北黄梅焦墩遗址相比，要早千年左右。

无独有偶，位于长江中游的湖北天门石家河文化遗址，出土了一件环形玉雕凤，其构思之奇巧和造型之精美，在已知原始时代的凤鸟形象中罕有其匹。石家河文化遗址的年代为新石器时代晚期，其主人是楚国土著先民三苗遗裔，从石家河文化主人的崇凤情结，方知楚地崇凤之俗由来已久！

夏朝是否崇凤，尚难定论。商朝和周朝崇凤，则是不争的事实。商代晚期和西周早期，凤始终是青铜器纹饰中最闪亮的角色。从东周起，伴随着南北文化的交流激荡，龙与凤开始各擅胜场，前者成为权威和尊严的表征，后者变成才艺和吉祥的标识。

人类文明的“轴心时代”，正值楚人的信史时代春秋战国时期，先民的图腾只留下朦胧的印记，但仍然不乏图腾的象征作用和神秘意味。在楚人的潜意识里，尊崇凤，就是尊崇自己的祖先；钟爱凤，就是钟爱自己这个民族。在楚国出土文物中，凤的图像和雕像比比皆是，远非同期其他各国文物可以比肩。这些凤的形象虽千姿百态，纷华照眼，但无一不显得雍容华贵，英武伟岸。楚人以为只有在凤的导引下，人的灵魂才得以周流八极，飞登九天！

“秦王扫六合，虎视何雄哉！”以公元前 221 年秦王朝建立为界线，此前是凤与龙相比由更为风光到难分轩轾，此后是凤与龙的地位此降而彼升。龙在先民崇拜的诸多灵物中升到至尊至神的地位，在长达 2100 多年的岁月中，龙一直是帝制和皇权的标志。辛亥革命结束了帝制，但龙的威仪和神圣依然存在，中华民族的崇龙情结仍未消减，于是，龙又成为民族和文化的象征，凤则悄然退居次席，似乎无缘与龙相提并论了。

其实，这是历史的误会，在民族与文化的象征上，凤与龙理应平分秋色，正如闻一多先生所言：“龙凤是天生的一对！”

正是因为凤的地位如此特殊而际遇又异常曲折，为凤正名的呼声一直不绝于耳。而我们萌生编撰“中华凤文化研究书系”的初衷，并非完全出于为凤之不平而鸣，更主要的考量是凤文化非同寻常的人文内涵。

传世文献和出土文物所提供的资料告诉我们：凤文化是一种具有丰富人文内涵的文化形态，在文学、美术、乐舞、建筑、园林、器用、服饰等领域都不乏精彩呈现，深深地渗透于中国社会的各个层面，放射出璀璨夺目的人文光辉。

尊重传统是凤文化人文内涵的精神底色。凤文化对传统的尊重突出体现在信仰、礼仪、道德、风尚等诸多方面，这是对中华民族慎终追远情愫的赓续，也是对中华文化念祖怀乡精神的传扬。

崇尚美德是凤文化人文内涵的品格标志。凤文化倡导人们追慕诸如仁爱、正义、诚信、孝亲等嘉德懿行，代表着人类共同的理想境界，既涵润着公民的道德修养，又助长了社会的文明风尚。

推崇友善是凤文化人文内涵的人性认知。凤文化认为人类一方面要提升和完善自我修为，另一方面也要懂得体谅和宽恕他人，凤文化中不少文化符号和艺术形式，充分流露出对人性友善的赞美和期许。

追求和谐是凤文化人文内涵的价值取向。凤文化追求个人心灵与肉体之间、人与人之间、人与社会之间的和谐，无论是传世文献对凤的描述，还是出土文物对凤的展示，都体现出凤文化对和谐执着而热烈的追求。

敬畏自然是凤文化人文内涵的科学理念。凤文化尤为注重人与自然的关系，讲求尊重自然、呵护自然、调适自然、因借自然，真正做到人与自然和合共生，凤文化中许许多多的艺术形象，生动地表达了对自然的敬畏和礼赞。

凤文化深邃而独特的人文内涵，宛如生生不息的文脉、血脉和根脉。其文脉贯注于文化创造中，血脉激活于生命智慧里，根脉滋养于公序良俗间，历千年而不绝，亘万古而长新，对凤文化进行系统而深入的研究，成为一道神秘而曼妙的诱人风景。

研究凤文化有助于把握中国历史文化的演进轨迹。凤文化源远流长，博大精深，是中国传统文化的菁华元素，对凤文化流变的精细考察，就是对中国历史文化发展脉络的精心梳理。

研究凤文化有助于弘扬中华文化精神。中华文化精神是中华民族人文精神和价值观念的综合体现，而凤文化精神则是中华文化精神的重要基因，研究凤文化，无疑是弘扬中华文化精神的题中应有之义。

研究凤文化有助于促进文化认同。凤文化作为中华传统文化的一部分，具有强烈的文化认同感，通过对凤文化的研究和传承，可以增强中华民族的向心力和凝聚力，坚定文化自信和文化自强。

研究凤文化有助于推动不同文化间的交流互鉴。凤文化作为一种具有特殊意义的文化形态，对于推动不同国家和地区间的文化交融互摄，具有春雨润物般的功能。

研究凤文化有助于增强审美意识。凤文化涵盖了广泛的艺术形式，如绘画、雕塑、书法、音乐、舞蹈、戏剧、曲艺、织绣、工艺等，对凤文化进行研究，可以更好地理解和欣赏这些艺术形式的美学意蕴，拓展人们的艺术视野和审美空间。

研究凤文化有助于保护文化遗产。凤文化本身就融入中华文化遗产的肌理之中，通过对凤文化这一独具特色且无可替代的文化遗产的保护研究，可以更好地传承、弘扬中华文化遗产，维护中华文化的多样性和独特性。

综上以观，凤文化研究是历史与时代赋予的光荣使命，不能不引起学界的关注和重视。为此，我们策划了这套“中华凤文化研究书系”，选取了与凤文化关系密切的几个选题实施破冰之旅，包括凤与中国文化、凤与中国文学、凤与中国乐舞、凤与中国服饰、凤与中华祥瑞美学和凤与中国民俗等，因这些研究仅仅是开端，此后还将持续推进，以形成系列，故名之曰“书系”。

假定把书系比作新娘，序不过是盖头，人们最想看的不是盖头，而是盖头下欲遮还羞、风姿绰约的新娘，故序宜轻轻掠过，“不带走一片云彩”！

刘玉堂

目录

CONTENTS

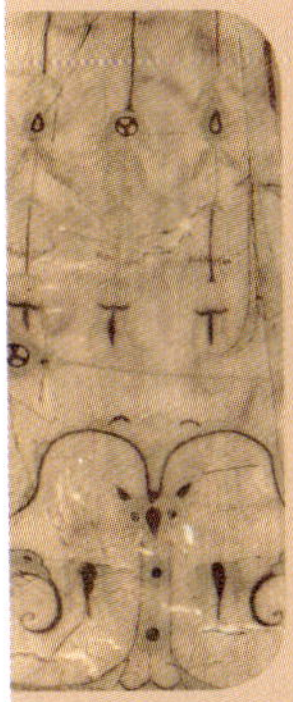

绪 论

龙与凤是天生的一对神兽灵物，作为中华民族的图腾，从发明创造到发展成熟，在几千年的中国历史长河中跃动不息，使中国民众的民俗生活充满生机与活力。龙常常被称为“鳞族之长”“众兽之君”；凤则常常被誉为“羽族之长”“百鸟之王”。仰韶文化遗址曾出土一件龙凤纹彩陶细颈瓶，说明在距今七八千年前的新石器时期，龙与凤已经产生而且是同步的。龙与凤常常相提并论，互补和对应，二者都是中华民族的精神象征、文化标志、信仰载体和情感纽带。

倘若将中华民族传统文化符号按其功能效应的大小排座次的话，龙无疑坐第一把交椅，第二位自然就该是凤了。然而，一直以来，关于龙的研究蔚为大观，研究成果数量占绝对压倒性优势，而关于凤的研究则相形见绌，寥寥无几。国际人士大多但知中国龙却不知中国凤，连很多中国人都只知道龙图腾而不知凤图腾，绝大多数只知道自己是“龙的传人”而不知是“龙凤传人”。有鉴于此，中国凤民俗研究在新时代语境下正当其时，亟需新的推进，进一步加强凤民俗文化资源的挖掘和利用。

一、中国凤民俗的发展概况

凤民俗作为中华民族源远流长的传统文化，在历史文化长河中占据着举足轻重的地位，是具象化的民间信仰发展史，也是抽象化的宝贵历史遗产，更是中华民族不可多得的传统文化资源，值得所有人尊重和铭记。

但是，目前中华儿女，对于凤文化、凤民俗事实上知之甚少，这大概与中国自古以来沿袭下来的男权思想有关。龙一直是历代帝王权势、力量的抽象化身，并将与帝王有关的一切打造成龙的形象或将龙的图案绘于其上。封建帝制被推翻之后，民间使用龙图案已不再属于僭越行为，中华男子无不愿以龙自诩有力，被赞美如龙更是对男性的高度赞誉。相对应的，凤形象逐渐演变为龙的陪衬，代表阴柔、唯美。历朝历代后妃的穿戴多用凤型，战国之前的图腾雄凤雌凰逐渐合并成为雌性的化身。随着重男轻女的思想不断在人们脑海中扎根，龙的形象愈发清晰有力，而本来炫目多彩的凤却逐渐暗淡了下来。并且，除了帝王象征之外，由于龙在官方与民间兼具水神身份，龙又以龙王爷的形象为各地人民所祭祀崇拜，民间信仰在一定程度上又强化了龙文化的发展传承。而凤的情况却不容乐观，由于没有其他身份地位，凤凰已经逐渐淡出人们视野，仅仅作为一种象征吉祥的装饰性图案存在于现代民俗生活中。

从民间来看，“青龙、白虎、朱雀、玄武”是古人常用的四大辟邪神兽。皇家大宅或墓葬中会对其做很严谨的处理，在相对考究的民居房屋建筑中也有很多小规模的设置。而在有些依然追求风水的人们家中，除个别极讲究的情况外，大多数人家已经用招财貔貅、石狮子、青龙石、玄武龟，甚至体积较大的仙人球来代替“四灵”。作为朱雀的凤，更是极少作为辟邪之物。从前，双凤曾作为夫妻婚姻幸福美满的象征，但由于西方文化的渗透，举办中式婚礼的人也逐年减少，凤在婚姻礼制中的和美象征也逐渐消失了。再看各地的民俗活动传承情况，关于凤民俗的数量也远远低于龙文化活动，能够让百姓讲得出来的屈指可数。此外，民间口头文学中的凤凰故事传承数量也较少。同时，相关的凤乐舞在少数民族中有专门的曲目表演，而汉民族的却少之又少。

事实上，在文艺作品的创作中，凤形象得到了大量运用，主要以其“涅槃重生”的特性令人动容而震撼不已。“涅槃重生”本源乃是舶来品，其原型是西方的 Phoenix，即“不死鸟”。现代诗人郭沫若通过凤凰集木自焚、从烈焰中新生的神话传说，将凤凰与“不死鸟”相融合，于 1920 年发表长篇抒情叙事诗《凤凰涅槃》，才给人以凤凰每五百年自焚、化灰烬而重生的动人形象，借凤凰的翅膀自由驰骋于世界。但这远不是我们需要强调的中国文化中的凤凰，它只是与西方文化交流融合的产物，虽不能忽视但也不能作为主要方面加以研究和发扬。

本书研究的初心之一，就在于追本溯源，强化文化自信，唤醒中华儿女古老民俗文化中对凤凰的沉睡记忆，让文化底蕴深厚、形式丰富多彩的凤民俗获得激活，重新回到民众日常生活中去，让民众意识到自己“龙凤传人”的民族身份，从而增强民族凝聚力，提升文化软实力。“一唱雄鸡天下白”，中国这只雄鸡正在以“涅槃化凤”的力量觉醒，“不飞则已，一飞冲天；不鸣则已，一鸣惊人”。虽然“涅槃”不是我国凤凰的固有属性，但却可以兼收并蓄，借鉴并利用这种特性与力量，将我国传统的凤民俗文化重新发扬光大，并跟随中华优秀传统文化传承发展的脚步一起走向复兴，在社会主义新时代语境中获得创造性转化和创新性发展。

二、中国凤民俗的研究现状

龙凤并举，龙凤相配，但就目前的研究现状来看，关于凤文化的研究体量远远少于龙文化，极不对等，也不相称。

关于凤文化研究，著作为数不多，比较有代表性的有：顾方松的《凤鸟图案研究》和徐华铛的《中国凤凰》，从艺术史、美术学的角度对从原始时期到近现代的凤鸟图案进行解释分析，认为凤形在宋代就已定型；王大有的《龙凤文化源流》，庞进的《凤图腾——中国凤凰文化的权威解读》和《中国凤文化》，均从凤鸟源流出发，探寻凤的文化内涵和精神信仰，但王大有更偏向于对民族心理的分析、文化传播和中西对比，庞进则更着力体现凤在各时代、各民族、各领域的特点；何新的《诸神的起源——论龙与凤的动物学原型》，从生物学的角度寻找凤在自然界中的动物原型，以鸵鸟为中心论证点；吴艳荣的《中国凤凰——从神坛到人间》，从历史学的角度运用史料对凤凰从原始时期到明清时期的精神内涵进行分析，并展现了凤的地位如何从贵族专有跌落到民间及其在民众生活中各领域的象征意义；陈勤建的《中国鸟信仰——关于鸟化宇宙观的思考》，从民俗学的角度分析凤作为鸟信仰之一的缘起、表现和文化意蕴。

近年来，关于凤文化的研究文献不在少数。大体集中在三大方面：

一是主要从史学、文化学角度，研究中国历史上的凤图腾、凤纹样的发展演变、审美价值和文化意蕴，如杨柳《原始社会至唐代龙凤纹的演变及规律分析》、郑连军《凤纹的演化特征和应用研究》、任莛《中国凤凰图像研究》、杨颖《战国时期楚漆器中凤鸟形象的审美价值》、王士伦《越国鸟图腾和鸟崇拜的若干问题》、杨建华《吴越凤鸟神化论》、罗微《人类学视野的古代汉族凤冠符号象征意义》、臧彤《论凤文化对中国人精神文化的影响》等。

二是立足于美术学、设计学、图像学，重点探讨凤纹凤饰艺术在现代设计、广告设计、文创产品中的应用，如叶舒宪《玄鸟原型的图像学探源——六论“四重证据法”的知识考古范式》、王森《凤鸟纹瓦当造型艺术研究》、卢佳智《楚凤鸟纹饰在现代文创产品中的运用》、李芳《汉代玉器凤鸟纹饰及在现代设计中的应用研究》、刘婕《凤图腾符号在广告设计中的创新研究》、赵莹《经典凤纹研究与现代凤纹的传承》、项婉钰《凤凰图腾及凤鸟图案在现当代服饰中的应用研究》、张雯《中国传统凤凰图式在纸艺中的创作表现研究》等。

三是着眼于民俗学、人类学、社会学，将凤民俗视为中华民族优秀传统文化资源，研究阐述凤形象在中国民俗文化生活实践中的表现形式和民俗意蕴，主要有顾希佳《从鸟崇拜到鸟神话——史前时期浙江民间故事母题寻绎》、高晓黎《中国凤鸟图案源流及其民俗性》、游红霞和田兆元《凤舟的民俗叙事与文化建构——以湖北洪湖的凤舟文化为例》、吴雁云《潮汕民俗奇观——浅谈揭阳龙砂乡“竖灯杆升彩凤”习俗》、陈支越《龙州布傣花凤舞健身价值研究》、钟金贵《中国崇凤习俗初探》、杨畅《广西龙州壮族花凤舞研究——以金龙镇板烟屯为例》、王萍《非物质文化遗产视角下郧阳凤凰灯舞的演变与传承》等。

总体来看，前人的研究成果为凤与中国民俗的研究奠定了坚实的理论和实践基础，然而专门从民俗学专业角度探究凤与中国民俗的，目前只看到陈勤建先生的一部关于凤鸟信仰的专著，紧密相关的研究成果寥若晨星而且不够系统，大都从凤崇拜、凤舞、凤舟等比较微观具体的民俗项目入手，尚未上升到一个宏观层面予以整体架构，亟需全方位的系统化研究，全面深入进行剖析，努力探索凤民俗从文化资源到文化资本的创造性转化和创新性发展。

三、中国凤民俗的研究价值及总体构架

当前，加强凤民俗研究、传承发展凤文化，颇有一种开疆拓土的创新性意味，在提倡中华优秀传统文化创造性转化的新时代语境下，有着极其重要的学术理论价值和实践应用意义：既有利于弥补中国凤民俗研究的短板，深化中华凤文化研究，丰富民间吉祥象征文化，也有利于促进作为非物质文化遗产的凤民俗在当代的传承发展，增强文化自信心、民族自豪感，弘扬中华民族精神，提升中华文化软实力。

本书在前人研究成果的基础上，以民俗学、文化学为主要视角，立足于丰富翔实的文献资料和生动鲜活的民俗事象，援引大量民间生活文化的实际案例，侧重凤在中国民俗文化中的创造、传承与应用，从凤与民俗象征、凤与民间信仰、凤与民俗生活、凤与礼仪节庆、凤与民间文学、凤与民间艺术以及凤民俗在当代的传承发展等方面，系统性地对凤在民间的源流和民俗表现形式及文化意蕴进行解读阐述，着重展示凤的民俗学特征和功能价值，深入剖析凤在俗民日常生活世界中的神圣祥瑞象征意蕴，从中管窥凤民俗作为中华民族优秀传统文化的重要一脉，在民众生活文化中的传承应用。

第一章

凤舞神州：俗民日常生活世界的神圣祥瑞象征

中华民族是一个爱凤、崇凤的民族。凤，不同于龙自始至终具有强烈的政治色彩及其相对于民间的禁忌性，其象征意义和受众群体随着时代的变化而不断发生着变化。

凤从原始部落的鸟图腾崇拜，到贵族阶级的权力标志，再到丰富民众民俗生活的吉祥文化代表，无论外部形象还是内在含义，都在随着时间的推移和人们观念的转变而发展演变，最终成为中华民族的一种精神象征和文化标识。它神圣、华贵、柔美，祥瑞、和合、太平，蕴含着丰富的吉祥文化内涵，对中华民族的民俗生活、社会心理、价值观念及审美意识具有重要影响，是俗民日常生活世界的神圣祥瑞象征。

第一节　凤在中国民间的起源与流变

关于凤的起源，原始时期的图腾崇拜似乎是目前比较可靠的说法，同时与自然崇拜、祖先崇拜、传统信仰密切相关（详见第二章）。

图腾，是人类历史上最早的一种文化现象。“图腾实际上是相当于文明人的纹章标记的一种图案，被授予的每一个人都以此来作为他所属家族的身份证明。该词的实际语源可以证明这一点，它源于‘dodaim’，指的是村庄或家族群体的居住地。”[①] 一个氏族，定居于一定的地理范围内，在原始先民的头脑中，对事物缺乏科学认识，对领地内具有特殊能力（相较于人而言）的动物或植物很容易产生惊讶之情。他们赞叹、他们羡慕，他们甚至希望自己也能通过某种方式获得这种特殊能力。原始先民常常会在有重大意义的仪式上将自身氏族的图腾纹样绘在身体表面，或将图腾动物或植物佩戴在身上，或直接干脆将自己装扮成图腾动物或植物的样子，以确保仪式之后，能从图腾上获得某种力量。另外，图腾作为“所属家族的身份证明”，除了具有区分不同氏族的最基本的功能外，持有不同图腾的不同氏族可以（或必须同相对应的氏族）彼此通婚，是避免近亲通婚的有效手段。“图腾崇拜是半社会—半迷信的一种制度，它在古代和现代的野蛮人中最为普遍。根据这种制度，部落或公社被分成若干群体或氏族，每一个成员都认为自己与共同尊崇的某种自然物象——通常是动物或植物存在血缘亲属关系。这种动物、植物或无生物被称为氏族的图腾，每一个氏族成员都以不危害图腾的方式来表示对图腾的尊敬。这种对图腾的尊敬往往被解释为是一种信仰，按照这种信仰，每一个氏族成员都是图腾的亲属，甚至是后代，这就是图腾制度的信仰方面。”[②] 关于这种“血缘关系”，从某种意义上来说是祖先崇拜的滥觞。赫伯特·斯宾塞（Herbert Spencer）认为，在许多低级社会里，人们养成了这样的共同习惯：所有个体在出生之时或之后，都按照某个动物、植物、星辰或自然对象的名字来取名。然而，由于原始人的语言极不准确，所以他们很难将隐喻和实际事物区别开来。这样一来，他们很快就会忽视这样的事实：这些名字只不过是些修辞手段而已，他们原本只不过是在字面上使用。最后，他们竟然相信那些称作“老

①[法]爱弥尔·涂尔干：《宗教生活的基本形式》，渠东、汲喆译，上海人民出版社，1999年，第141—142页。

②[苏]Д.Е.海通：《图腾崇拜》，何星亮译，广西师范大学出版社，2004年，第2页。

虎”或“狮子”的祖先真的变成了老虎或狮子了。于是，以祖先为对象的膜拜从此就变成了对动物的膜拜，而祖先和动物却混淆起来了。由于原始先民的思维发育尚不成熟，将某种动物和人联系起来的这个阶段之所以会出现，是因为在语言上出现了某种混淆。本来以某种动物或植物甚至自然现象命名的祖先，在概念世代传递的过程中产生了讹误，祖先的形象不断淡化，被用来命名的事物的形象却因为在身边触手可及或作为常态而在原始人的心中日益清晰，最终事物的形象战胜了祖先的形象而成为了原始人膜拜的对象，从而产生了图腾崇拜。

另一种祖先崇拜与图腾崇拜的关系学说则与灵魂的转生有关。赫伯特·斯宾塞认为，图腾制度是祖先崇拜的一种特殊形式，即人死后灵魂在不久以后将在另一个生命体上托生。他认为，原始人的低等心理尚不能在人的灵魂与兽的灵魂之间划出明确的界限，从而祖先的灵魂在祖先死去之后，很有可能转生到其他事物之上，那么由于祖先而激起的宗教尊崇也就十分自然地加诸动物和植物身上了。这样，作为被崇拜者寄予崇敬之心的动物也就变成了神圣的事物、膜拜的对象，也就是该氏族祖先的所有后裔的图腾。而他们崇拜图腾的方式，是对该事物的不侵犯甚至“拥有所有权”，图腾动物或植物在他们心中是神圣的，一般的平民是不可以将之作为食物的，如若有误食或是误伤情况，必须要向氏族首领禀告，并做一系列仪式以摒除厄运，否则可能对自身的生命产生威胁。而氏族首领或巫师则可以食用，因为他们在众人的眼中本身就是与众不同而富有神性的，神圣的人食用神圣之物，自然是没有什么可以质疑的。然而，即使是具有特殊地位的人也是不可随意食用图腾动植物的，而必须经过某种向图腾请示或净化的仪式才可以食用，在某些特殊的祭祀仪式之后，全体氏族成员也都可以来食用图腾动植物，但每个人只能分食一点而不可多食，并且在食用的时候，心里也必须充满敬意和忏悔。他们也有义务保护图腾动植物的安全不受侵害，但这有时候会造成一种窘迫的局面，即各氏族都有自己的图腾动植物不能受到自身或他人的随意侵犯，将导致无食物可吃的情况。于是，原始先民在某些点上进行了妥协，即其他氏族经过他们的同意可以食用或使用他们的图腾动植物，而在他们自己因食物匮乏而不得不将图腾动植物当作食物的时候，他们会请其他氏族成员去猎取或采摘图腾动植物来送给自己。当然，此时也必须怀有崇敬和忏悔之情。

尽管学者对凤鸟起源生物原型的分析有很多种，显而易见的，凤最基础的原型是某种鸟类，即鸟图腾的变体。当分析这些原始概念时，需要借助一些当前尚存在于落后地区的原始部族的研究来进行思考。法国人类学家爱弥尔·涂尔干（Émile Durkheim）认为，澳洲的各原始部落和北美印第安人是比较合适的研究对象，因为澳大利亚地区的原始部落发展得相对落后，图腾形态抽象，生活状态单一，其中很多部族甚至不知道可以用草木等搭建房屋；而印第安地区则属于原始部落发展到一定程度的地区，他们不仅有相对完善的图腾信仰模式，甚至在巫术仪式上也自成一体。据苏联的C.A. 托卡列夫（C.A.Tokapeb）对澳大利亚各部族的图腾种类统计，使用鸟图腾作为部落图腾的比重在澳大利亚大部分地区居首位，可以推算鸟崇拜现象在远古中国也应当是具有一定普遍性的。

除了语言决定论和灵魂转生说之外，在凤图腾这方面来看，笔者更倾向于图腾的拆解与组合。从目前出土的器物形状和表面的图案来看，如石家河文化罗家柏岭玉团凤、孙家岗玉凤、赵家沟文化凤形陶杯等器物和马家窑彩陶凤纹图案、H165泉护村遗址陶器上的日鸟图、仰韶文化庙底沟陶片凤鸟纹、河姆渡文化“双凤（鸟）朝阳”牙雕与“双凤（鸟）负日”骨雕等凤（鸟）形图案，鸟崇拜在黄河、长江流域均有发现，并且从出土文物的形制上来看，有相对粗糙的家用陶器和绘制精美的陶器、鸟造型陶器、打磨石器及少量玉器等。与其说这些出土器物上面绘制的是凤纹，倒不如说是今人认为或希望它是凤纹，但实际上这些纹饰只具有凤的初级形态，从某种程度上来说还算不上是完全意义上的凤，更像是一些鸟图腾的初级变体。从这些器物的时代来看，人类社会已经进入原始社会中后期，图腾观念相对完善，这些变体出现的原因很可能与一些组合观念有关。太阳的光和热，以及它在人们的生产生活中占有的不可替代的位置决定了它在人们心中的地位，有不少部族甚至直接将太阳作为图腾进行膜拜，而将太阳崇拜同鸟崇拜结合起来，与这种力量的结合观念有关。从外形上看，太阳在图案中的位置（位于鸟的头部或尾部）便于它同鸟逐渐融合在一起而成为鸟的一部分，这就初步具备了凤的羽冠和长尾的造型；另外还有一种图腾分割与组合的可能性，卡尔·斯特莱罗（Carl Strehlow）在整理澳洲各族图腾时发现了图腾的一些反常状态："有时候图腾不是一个完整的事物，而是事物的一个部分……在图腾群体发生了过多分化的部落中，这种情况就可能相当多地出现了。或许可以说，这是图腾迫不得已而进行的自我解体，以便给数量众多的部落分支提供名字。阿兰达人和洛里查人好像就是这样。斯特莱罗在这两个社会收集了 442 种图腾，其中好多都不是动物，而是动物某种特定的器官，诸如负鼠的尾巴和肚子，袋鼠的脂肪，等等。"①

氏族在进化的过程中，有很多发生分化的情况，为了获得原来氏族的力量，他们会选择将原氏族图腾进行部位分解，并以这个分解的部位作为分支氏族的图腾（当然也可能像斯特莱罗所说，仅仅是为了给分支氏族提供名字，但是他所提供的这几个例子，如肚子、脂肪等，都是原始人认为动物身上具备相当神性或者是十分重要的地方，在非正常情况下都不得食用，

①[法]爱弥尔·涂尔干：《宗教生活的基本形式》，渠东、汲喆译，上海人民出版社，1999 年，第 134 页。

所以斯特莱罗说仅仅是为了提供名字而没有力量分割的观念在里面）。这种通过从分解来的图腾部位获得力量的观念形成之后，后期可能也会产生夺取其他氏族图腾的部位加在自己氏族图腾身上，从而获得对方图腾力量的观念。按许慎的观点，凤鸟与其他鸟的不同之处在于，凤是集很多动物的特点于一身的神鸟，这很有可能与那种力量的分割组合情况有关。“凤”在许慎《说文解字》里是这样记载的：

> 凤：神鸟也。天老曰：“凤之象也，鸿前麟后，蛇颈鱼尾，鹳颡鸳思，龙文虎背，燕颔鸡喙，五色备举。出于东方君子之国，翱翔四海之外，过昆仑，饮砥柱，濯羽弱水，莫宿风穴。见则天下大安宁。”[①]

①（汉）许慎：《说文解字》，中国书店，1989年，第177页。

从为数不多的凤鸟源流研究来看，起源于鸵鸟（何新的研究结论）的可能性不大，而起源于孔雀（外形最似）却因地理分布情况（中国古代早期孔雀多分布于中国西南和南方地区、西域地区、两广地区，而且还分布在与这些地区接壤或相邻的印度、越南、柬埔寨、印度尼西亚等国家和地区，离华夏起源的中部地区较远）而能够轻而易举地推翻，如果说因为边地珍稀物种进贡而提供了凤鸟变形的条件反而可信度更高。

除了这种组合观念和上文提到的祖先崇拜的情况，这里还有一种图腾继承和获得的情况。除了继承父亲氏族或母亲氏族的图腾族徽之外，还有一种偶然情形：“子女的图腾并不一定是母亲或父亲的图腾，而是一个神话祖先的图腾。是这位祖先在母亲怀胎的一刹那临现并神奇地使她受孕……但是，既然只是出于偶然，这位祖先才恰巧接近这个母亲而不是别人，那么可见，子女的图腾最终还是取决于偶然的条件。”[②] 而在中国古代的始祖诞生神话里，关于凤有一则非常著名的神话，即玄

②［法］爱弥尔·涂尔干：《宗教生活的基本形式》，渠东、汲喆译，上海人民出版社，1999年，第136页。

鸟生商的神话：

> 殷契，母曰简狄，有娀氏之女，为帝喾次妃。三人行浴，见玄鸟堕其卵，简狄取吞之，因孕生契。契长而佐禹治水有功。帝舜乃命契曰："百姓不亲，五品不训，汝为司徒而敬敷五教，五教在宽。"封于商，赐姓子氏。[①]

①（汉）司马迁：《史记·殷本纪》，中华书局，1972年，第91页。

类似的，还有秦国的始祖神话。秦国自认是商的后代，他们的始祖神话与"玄鸟生商"如出一辙，应该是同一则神话的两个变体：

> 秦之先，帝颛顼之苗裔孙曰女脩。女脩织，玄鸟陨卵，女脩吞之，生子大业。大业取少典之子，曰女华。女华生大费，与禹平水土。已成，帝锡玄圭。禹受曰："非予能成，亦大费为辅。"帝舜曰："咨尔费，赞禹功，其赐尔皂游。尔后嗣将大出。"乃妻之姚姓之玉女。大费拜受，佐舜调驯鸟兽，鸟兽多驯服，是为柏翳。舜赐姓嬴氏。[②]

②（汉）司马迁：《史记·秦本纪》，中华书局，1972年，第173页。

显然，这符合涂尔干所说的图腾获取的偶然性，原始先民很有可能不懂生育和性行为之间的关系，他们认为每次怀孕都是一种神秘受孕的结果。这很类似于澳洲阿兰达人的图腾制度。"据他们说，这是由于一位祖先的灵魂进入了妇女体内并在那里变成了一个新生命的本原。所以在妇女感觉到孩子的最初颤动的那一刻，她就会想象，在她当时恰好所在的地方，一个原本栖居在那里的灵魂刚好进入了她体内。因为即将诞生的孩子只是祖先的重新转生，所以他们必然拥有相同的图腾……在女人意识到她妊娠的那个特定时刻，她必定认为使她感到怀有身孕的那个精灵来自于周围的事物，尤其是来自那些此时此刻吸引她注意力的事物……首先想到的就是她刚刚吃过的东西”[1]，所以弗雷泽把这种原始图腾制度称之为“怀孕性的”。这同时也解释了，为什么同一地点绝大多数的居民会使用同一个图腾的缘故。

①[法]爱弥尔·涂尔干：《宗教生活的基本形式》，渠东、汲喆译，上海人民出版社，1999年，第238—239页。

从上文叙述可以看出，鸟作为氏族图腾物种，无论从哪方面都要受到氏族首领及人民的尊重和敬畏，在使用和食用上都有很多讲究。但氏族首领相比一般民众而言，在这方面还是具有一定的特殊性的。这样一来，很容易在图腾的使用上面发生阶级分化，从而导致该纹样仅供上层阶级使用而在民间变成禁忌，后期逐渐沦为统治阶级用以精神控制的工具。“凤凰秋秋，其翼若干，其声若箫。有凤有凰，乐帝之心。”[2]凤凰鸣是为吉音，凤凰现世也被作为明君出世的象征。“魂乎归来！凤凰翔只。曼泽怡面，血气盛只。永宜厥身，保寿命只。室家盈廷，爵禄盛只。”[3]凤凰在两界的迎来送往成了祭司招魂的祭拜对象，希望凤凰可以将去往阴间的魂魄接回阳间。这时候，祭祀行为已经演化成为国家行为，平民不得任意行祭祀之礼，否则就是僭越。

②（清）王先谦：《荀子集解·解蔽》，沈啸寰、王星贤点校，中华书局，1988年，第389页。

③黄灵庚：《楚辞集校》，上海古籍出版社，2009年，第1622—1624页。

虽然凤的图腾崇拜观念在原始社会之后已渐趋退却，但在秦以前，凤形象仍然没有摆脱作为部族乃至国家的象征的影子。凤的符号化趋势已经日益明显，不过距离最终定型为吉祥符号的时代，凤的象征意蕴在这期间仍然经历了很长一段历史时期的演化嬗变。

到了汉代，凤凰的昭示功能日渐凸显，成为吉祥和太平盛世的象征，“德至鸟兽则凤皇翔”“刳胎杀夭则麒麟不至郊，竭泽涸渔则蛟龙不合阴阳，覆巢毁卵则凤皇不翔”[4]。这时候，统治者虽然以凤凰的现世作为清平盛世的代表，凤纹仍然为皇家所独有，但正是为了迎合统治者的这种心理需求，许多地方政府和平民百姓都以发现凤凰祥瑞并上奏朝廷为升官发财之

④（汉）司马迁：《史记·孔子世家》，中华书局，1972年，第1926页。

路，这使得凤凰的形象和意识开始流入民间，凤纹的皇家专有性质开始发生松动。魏晋时期由于政治经济的不平衡引起了文化阶层的变动，凤凰纹样的使用开始由皇家专属向其他阶级的人群扩散，并且也由于政治局面的不稳定，战乱频仍，人们流离失所，越来越多的人将精神世界向神道境界转移以求一方心灵的净土。此时道家思想盛行，凤凰开始作为飞升成仙的使者或仙道的坐骑而常在道家的领域出现。

隋唐以后，经济政治又得到了统一，文化呈现出多元化、宽领域的大繁荣局面，凤凰在此时走下神坛、步入民间，开始广泛出现在俗民的日常生活中。无论是在衣食住行，还是在日常的礼仪、娱乐活动中，凤在人们的生产生活中越发地频繁出现，并作为祥瑞文化的代表深受大众喜爱和欢迎。凤纹的样式也从最原始时期的抽象形态，变得愈发具体生动，细节也逐步完善，最终成为家喻户晓的吉祥鸟。

由是观之，凤在汉代便初步流入民间并为民间所用，魏晋时期，凤的神圣不可侵犯性轰然崩塌，到了唐代开始为民间大众广泛应用于日常生活。凤鸟，从巫术起源，到为政治所用，再到受百姓喜爱，经历了一个从神秘莫测到高不可攀再到走进千家万户的过程，但从始至终，其寓意都在朝着好的方向发展。凤在民间的神圣建构，渗透在人们生产生活的方方面面。

当今时代，凤鸟在审美领域已经逐渐边缘化，但当人们想要为自己的设计加入中国元素时，凤鸟依然作为首要选择而存在。尽管龙比凤更多地出现在人们的视野中，但凤作为中华民族精神的灵魂仍是不可忽视的。凤图腾的发展历程，也是民族信仰的发展历程，更能反映出华夏儿女的精神诉求和内心渴望，也在一定程度上反映出历朝历代的社会发展水平和思维进化过程。

第二节 凤的文化象征意蕴

从有大量文字记载的时代开始，凤的概念逐渐朝着美好吉祥的比喻义方向发展，后来出现了功能性的作用，概括起来主要有以下几种代表性的象征寓意：

1. 比喻人才，或有人才将现的迹象

“凤鸟不至，河不出图，吾已矣夫！”[①] 孔子认为“凤鸟至、河出图”是有圣人出现的前兆，而这些事情都没有发生，意味着能与孔子为伍的人也无法到来，孔子觉得自己的前景也不甚乐观了。“楚狂接舆歌而过孔子曰：‘凤兮凤兮！何德之衰？往者不可谏，来者犹可追。已而，已而！今之从政者殆而！’孔子下，欲与之言。趋而辟之，不得与之言。”[②] 这里是以凤喻孔子，也是人才的象征。由此衍生，也有用凤貌来比喻某人前途不可限量。史籍上记录了一个很有意思的故事，虽然真伪已不可辨，但姑且可做参考：袁天罡初次见到武则天时，大惊曰：“日角龙颜，龙睛凤颈。伏牺之相，贵人之极也。”[③]

2. 太平盛世的祥瑞之兆

在动荡时期，这种渴望太平的忧思变得更为明显。“有鸟焉，其状如鸡，五采而文，名曰凤皇，首文曰德，翼文曰义，背文曰礼，膺文曰仁，腹文曰信。是鸟也，饮食自然，自歌自舞，见则天下安宁”[④]，将太平和仁义之形附于凤鸟的外形上，可见人们对于这种神鸟所寄予的美好希冀。类似这种的，一般都与四灵中的其余几种并提，皆为盛世之兆，出则太平，无则动荡。有意思的是，除了这种直接阐述凤的祥瑞性质的，还有许多类似“凤兆”的奇迹在各地发生，被地方记录了下来，甚至上报朝廷邀功，“十八年春正月，王如洛邑定鼎。凤凰见，遂有事于河”，“安帝延光三年二月戊子，有五色大鸟集济南台，十月，又集新丰，时以为凤皇”，林林总总，令人眼花缭

①杨伯峻：《论语译注》，中华书局，1980 年，第 89 页。

②杨伯峻：《论语译注》，中华书局，1980 年，第 193 页。

③（宋）李昉：《太平广记》，北京燕山出版社，2011 年，第 3443 页。

④陈成：《山海经译注》，上海古籍出版社，2012 年，第 18 页。

乱，不胜枚举。

3. 文章有文采，落笔生花

“身挫凭乎道胜，时屯寄于情泰，莫不渊岳其心，麟凤其采，此立体之大要也。”[①]“……采乏风骨，则雉窜文囿。唯藻耀而高翔，固文笔之鸣凤也。”[②]

4. 比喻阴阳协调，爱情美满

后来当凤和凰的意象分开后，凤凰作为比翼鸟的形象出现。“羽族之长，名为凤凰。一日失雄，三年感伤”[③]。

5. 道家成仙的坐骑，或阴阳两界的使者

《白羽经》曰：“太真丈人登白鸾之车，驾黑凤于九源，自天已下，莫不范德。”[④]

6. 阴阳家用作风水方位

凤在此也称朱雀，“是岁张掖郡删丹县金山玄川溢涌，宝石负图，状象灵龟，广一丈六尺，长一丈七尺一寸，围五丈八寸，立于川西。有石马七，其一仙人骑之，其一羁绊，其五有形而不善成。有玉匣关盖于前，上有玉字，玉玦二，璜一。麒麟在东，凤鸟在南，白虎在西，牺牛在北，马自中布列四面，色皆苍白。其南有五字，曰‘上上三天王’；又曰‘述大金，大讨曹，金但取之，金立中，大金马一匹在中，大吉开寿，此马甲寅述水’”[⑤]。

7. 浴火涅槃，重获新生

很多人对国外的不死鸟 Phoenix 同中国的凤凰产生了概念混淆。凤凰涅槃，是最初具有这个意象的词汇，它来自于郭沫若的现代诗歌《凤凰涅槃》之中所传达出的寓意，通过凤凰集木自焚、从烈焰中重生的故事，表达了彻底埋葬旧社会、争取祖国自由解放的思想。这种观念的流传可能早于这首诗的写作时间，但真正让这个词流行起来则始于此。事实上，涅槃作为佛教用语，并没有死而复生的含义。涅槃又译为般涅槃、波

①王运熙、周锋：《文心雕龙译注》，上海古籍出版社，1998 年，第 110 页。

②王运熙、周锋：《文心雕龙译注》，上海古籍出版社，1998 年，第 262 页。

③（宋）李昉：《太平御览》，中华书局，1960 年，第 2589 页。

④（宋）李昉：《太平御览》，中华书局，1960 年，第 2949 页。

⑤（晋）陈寿：《三国志》，（宋）裴松之注，陈乃乾校点，中华书局，1959 年，第 106 页。

利昵缚男、泥洹、涅槃那，意译为无为、自在、不生不灭等，而郭沫若将不生不灭的永生含义同西方不死鸟每隔五百年左右便会采集各种有香味的树枝或草叶，并将之叠起来后引火自焚，最后留下来的灰烬中会出现重生的幼鸟化为永生状态的传说联系起来，冠到了中国凤凰之上，从而有了今天的历尽艰难而不倒，最后在毁灭中重生的象征含义。

正因为凤有如此之多的美好象征寓意，从古至今，无论是官方还是民间，人们对凤鸟的喜爱只增不减。在古代，以凤为名的情况比较多见，如西汉大将军王凤、三国蜀汉将领陈凤、元代画家赵凤等，还有三国时期的庞统，以智慧文才著称，"'……此间自有伏龙、凤雏。'备问为谁，曰：'诸葛孔明、庞士元也。'"[1]现代人取名依旧保留了这一习俗。以凤取名有两层含义，一个是希望拥有这个名字的人幸福平安、吉祥如意，另外一个含义就是希望这个人能够超凡脱俗，成为一个卓越优秀之人。

①（晋）陈寿：《三国志》，（宋）裴松之注，陈乃乾校点，中华书局，1959年，第913页。

一、作为"四灵"之一的神物

关于"四灵"，有两种说法，一种认为是中国传统文化中的四方神物，即青龙、白虎、朱雀和玄武；还有一种是《礼记·礼运》中所记载的，把龙、凤、龟、麟归为"四灵"。无论哪种"四灵"说法，除了龟是自然界真实的存在物以外，其他的三种灵兽仅仅存在于充满想象的传说之中，是人们幻想的观念中的超自然神物。

关于凤凰，有一种五彩鸟的说法。这种说法认为，从色彩上看，凤鸟是一种五彩缤纷的鸟，它不是只有一种色彩或者简单的两种色彩，而是五颜六色的。五彩在我国的文化当中一直都是吉祥的象征，如果有五彩鸟出现，就一定是祥瑞的降临。史书记凤凰为"五彩之鸟"。《汉书》《后汉书》《三国志》及

《晋书》中都曾记载五彩鸟出现之事。此说源于《山海经·南次山经》中所言，丹穴山有众多黄金美玉，丹水出自丹穴山并向南流淌，注入渤海；丹穴山上有一只奇鸟，外在形象像鸡，身上有五彩斑斓的花纹，头上的花纹形成“德”字，翅膀的花纹是“义”字，背部花纹成“礼”字，胸的花纹成“仁”字，腹部的花纹成“信”字。此鸟承载着“德、义、礼、仁、信”，其自歌自舞，它的出现便象征着天下祥和太平。汉代典籍《异物志》中也说到有五彩之鸟，丹喙赤头，头上带有冠，鸣叫曰天下太平，有才能贤德的统治者才会看见它。由此可见，五彩鸟就是指凤凰，是天下安宁、国家康泰的祥兆。在这里，与其说凤凰代表的是某一种动物，不如说它代表着先民的美好愿望及期待。

凤作为“四灵”之一，主要象征圣人、明君的出现和天下太平。前文提到，孔子说“凤鸟不至，河不出图，吾已矣夫”，凤凰的出现与河出图并举，都意味着有圣人现世，而这两者都消失了则意味着世道的黑暗，所以孔子认为自己也要完了。并且，由于凤凰集会象征着明君现世，很多帝王也借凤凰的出现来昭示自己的王权正统，如“凤鸣岐山”神话和“凤凰衔书”神话等。

凤鸟，是鸟中之王，它和太阳相生，给人们带来光明和幸福，它是祥瑞的象征，凤鸟的出现象征着天下有好事发生，好运与人相伴，而凤鸟的消失则会使人感到恐慌。《诗经》曰：“凤凰鸣矣，于彼高岗；梧桐生矣，于彼朝阳。”《春秋繁露》中说：“恩及羽虫，则凤凰翔。”[①] 所以人们将凤鸟绘制成图案，在各种器物上都打上它的烙印，让它时时刻刻都和人们的生活联系在一起。在民间流传至今的“丹凤朝阳”图案，就是一只凤凰望向太阳的图案，它寓意前途光明。在装饰里的“凤鸟向阳”图案也可完全可以看作是凤凰的初步造型。这种美丽

①（汉）董仲舒：《春秋繁露》，上海古籍出版社，1989 年，第 79 页。

而又神秘的动物，经过漫长的历史时期，有着它不同的表现方式，凤鸟的花纹多种多样，但是它的寓意没有很大的改变，它是“百鸟之王”，它有着各种鸟类的特点，但它永远都象征着幸福太平。俗话说，“有凤来仪”“凤凰于飞”，由此可以看到，凤凰这种被人们幻想出来的生物，既是美丽的象征也是幸福和爱情的代表，同时这种象征和寓意并不是一时存在的，它由来已久，最早可追溯到三千年以前，最晚也有二千七八百年。

我国古代，凤纹多与龙纹同时出现。龙和凤都是祥瑞之物。龙是中华民族的象征物，它庄严神秘，不可侵犯，同时威力无穷。凤作为与龙同时出现的另一种神秘事物，它象征着幸福。凤鸟图腾被广泛地运用于民俗当中，与人们的生活息息相关。比如装饰艺术，还有刺绣艺术、民间剪纸艺术、民间工艺品等。这些都是中华民族共同的精神财富，需要保护和传承。凤凰被认为是鸟中之王，牡丹被认为是花中之王，于是就形成一种“凤穿牡丹”的结合，它的幸福祥瑞寓意又更加深了一层。这种图案在手帕上较为常见，用于情人互赠，是爱情的象征物。除此之外，民间刺绣还包括“鱼水和谐”“鸳鸯戏荷”“彩凤双飞”等。从刺绣图案开始，凤图腾就不再是封建主独有，而是成为大众的艺术，被刻上了民俗的印记。

二、凤凰来仪的祥瑞征兆

凤出现的最初原因大多与宗教、巫术相关，后来凤被统治阶级利用成为政治神化工具，再到地位下降到民间成为人们心中的吉祥鸟，凤始终在人们心中有着良好的寓意，一直围绕着吉祥如意、太平祥和这一主题延续着生命力。

先秦时期，凤始终弥漫着浓郁的宗教气息，或是靠凤翔于庭来体现统治者崇高的德行和明君的清明统治。凤真正体现吉祥寓意是到了汉代才初露端倪，最直接的表现便是用凤凰频现来展示大汉盛世。从汉代史书典籍看，在官方正史中有凤凰降世的记录就有数十次之多。“五月，凤皇集胶东、千乘。赦天下。”[①]“夏四月，凤皇集鲁郡，群鸟从之。大赦天下。”[②]“三月，以凤皇、甘露降集，赐天下吏爵二级，民一级，女子百户牛、酒，鳏、寡、孤、独、高年帛。”[③]“二年春二月，诏曰：‘乃者正月乙丑，凤皇、甘露降集京师，群鸟从以万数。朕之不德，屡获天福，祗事不怠，其赦天下。’”[④]以上还仅仅是《汉书·宣帝纪》中的部分记录，其他皇帝在位期间所出现的记录数目也十分可观，并且，每当凤凰降世，在位的皇帝都会大赦天下，或者给官员、百姓赏赐物品。从凤凰降世的地点来看，有皇宫内部各殿，也有国内的其他州县，而每当州县上报凤凰降世之后，朝廷总会降下一些赏赐给该地方的官员。

关于凤凰来仪的这些记录在史籍中大量出现，是一个很有意思的现象。这些记录的真实性是很值得商榷的，毕竟凤凰是一种传说中的神兽，在自然界中并不存在，所以这些记录只是官员为了讨统治者的欢心或者彰显国力的手段，这在一定程度上也反映出各朝统治者对凤凰的喜爱与重视。如汉代，在很多方面都做了倾向于凤的更改：很多皇帝都因多地上报凤凰降世而将年号改为凤，昭帝元凤、宣帝五凤；将宫阙的名字命名为凤阙、凤凰殿，“元帝之初，有凤凰下济阳宫，故今济阳宫有凤凰庐”[⑤]。或因有凤来仪而将宫内壁画画作凤凰，“是岁凤凰来集济阳，故宫皆画凤凰。圣瑞萌兆，始行于此”[⑥]。同时，也出现了许多关于凤鸟的逸闻，“汉宣帝尝以皂盖车一乘，赐大将军霍光，悉以金铰饰之。每夜，车辖上有金凤皇飞去，莫知所，至晓乃还，守车人亦见之。南郡黄君仲，于北山罗鸟，得一小凤子，入手便化成紫金。毛羽翅宛然具足，可长尺余。守车人列云：‘车辖上凤皇，常夜飞去，晓则俱还。今晓不还，

①（汉）班固：《汉书》，团结出版社，1996年，第51页。

②（汉）班固：《汉书》，团结出版社，1996年，第52页。

③（汉）班固：《汉书》，团结出版社，1996年，第54页。

④（汉）班固：《汉书》，团结出版社，1996年，第56页。

⑤（汉）王充：《论衡》，岳麓书社，1991年，第32页。

⑥吴树平：《东观汉记校注》，中华书局，2008年，第1页。

恐为人所得。’光甚异之，具以列上。后数日，君仲诣阙，上金凤皇子。帝闻而疑之，以置承露盘，倏然飞去。帝使人寻之，直入光家，至车辖上，乃知信然。帝取其车，每游行，辄乘之。”[1] 此时的凤凰，一方面有神化王权的意味，另一方面也是吉祥太平的预兆，统治者的喜爱引起了各地方虚虚实实的凤仪上报，并且地方如有发现类似于凤鸟的生物也会积极进贡给朝廷。汉代国力强盛，外邦进贡频繁，针对汉代统治者的喜好，很多外邦也会进贡一些奇珍异兽给汉朝廷，这其中就包括与凤的外形有很多相似之处的鸵鸟，故汉代很多皇家器物上也相应地出现了许多鸵鸟纹。

①（宋）李昉：《太平广记》，中华书局，1961年，第3212页。

汉代以后各朝也均有凤凰现世的史籍记录。如魏晋时期，孙权以凤凰祥瑞称帝，“黄龙元年春，公卿百司皆劝权正尊号。夏四月，夏口、武昌并言黄龙、凤凰见。丙申，南郊即皇帝位，是日大赦，改年”[2]。晋武帝继位后，为了凸显政权的合理性而在地方大造声势，各地上报发现凤瑞的记录明显增加。到了唐代，统治者十分注重礼乐统治，上行下效，祥瑞文化相当发达。到了宋代，祥瑞的范围愈加宽泛。

②（晋）陈寿：《三国志》，（宋）裴松之注，陈乃乾校点，中华书局，1959年，第1134页。

祥瑞和灾异是矛盾的对立统一，二者的对立统一形成了中国独特的政治集权文化。祥瑞使得君主专制制度合理化，灾异使得君主专制制度秩序化。虽然各自的侧重点不同，但两者是不可分割的。这其中蕴含着中国传统政治文化的大智慧。所谓分久必合，合久必分；盛极必衰，衰极必盛，以此来解释王朝的更替、历史发展的必然规律。这种文化对于维护君主专制制度的稳定具有极其重要的作用，它是一切合理性的保证。它将祥瑞灾异与政治行为联系起来，使得一切都顺理成章。同时凤凰还是“仁君圣政”思想的寄托，并且这种思想在汉代“四灵”观念下再一次得到了强化。

三、凤纹图案的吉祥寓意

凤纹在汉代之前属于巫术、信仰中的祭祀崇拜对象，自汉代开始因满足审美需求而大量运用于服饰中，均出现在贵族专用的装饰上，并以女性服饰居多。直到唐代，除宫廷女性的宫装之外，民间的服饰上也开始涌现大量精美的凤纹。自此，凤的形象逐渐脱离原有的端庄神秘，而变得愈发灵动细致、逼真可爱，更加符合人民大众的审美趋势。

凤具有神性，在先秦时期即作辟邪之用雕刻在房屋建筑上，并起装饰效果。这种建筑风格和用意一直延续到后代，凤纹大多设计于瓦当、飞檐、雕梁画栋上，“今陛下崇苑囿，起建章，左凤阙，右神明，号千门万户”[①]。从战国时期的凤纹瓦当雏形，到汉代凤纹瓦当大量而广泛的使用，凤在房屋建筑装饰中成为越来越不可缺少的素材；另外，一些以凤为名的建筑和地名，其中所传达的除了吉祥寓意外，也有意图升仙的神话色彩，如汉代墓葬中的墓砖、帷幕上多绘有凤，“汉诸陵寝，皆以竹为帘，帘皆为水纹及龙凤之像”[②]。直到今天，含有凤元素的建筑在各地仍在广泛建设。

①（汉）荀悦，（晋）袁宏：《两汉纪》，张烈点校，中华书局，2002 年，第 187 页。

②吕壮：《西京杂记译注》，上海三联书店，2013 年，第 96 页。

商周时期，总是围绕着祭祀活动来打造凤形器物，一些青铜器上会铸有抽象变异的凤形纹，也有一些青铜构件和玉器专门做成凤的形态来强调其作为礼器的象征性，这一时期的凤器物普遍不做日常之用。战国时期，崇凤的楚地人民开始将凤纹运用到了日常使用的器物上，从出土的漆器及丝织品来看，绘有凤纹的多属精品，凤纹形象愈发修长灵动。到了汉代，凤纹逐渐具象化，《西京杂记》中记载：“汉帝送死，皆珠襦玉匣，匣形如铠甲，连以金缕。武帝匣上皆镂为蛟龙、鸾凤、龟麟之象，世谓为‘蛟龙玉匣’。”也有能工巧匠打造出美轮美奂的游艺用品，“长安巧工丁缓者，为常满灯，七龙五凤，杂以芙蓉莲藕之奇”[1]。随着手工业的不断发展，日常器物除了陶器、漆器之外，还有精美的瓷器、珐琅器等，上面的凤纹也愈发向丰满、艳丽、热烈的方向发展。

①（汉）刘歆等：《历代笔记小说大观——西京杂记（外五种）》，王根林校点，上海古籍出版社，2012 年，第 15 页。

唐代也是各民族文化大融合、大发展的时代，政治局势相对稳定，经济繁荣，人民日益增长的精神文化需求也逐渐显现出来，从物质生活的衣食住用，到精神生活的文学艺术，都追求更加丰富多彩的内容与题材。内外兼修、神形兼备的凤自然受到人民大众的喜爱，相对于花纹较少的男性服饰而言，女性身上作为点缀装饰的凤纹尤为引人注目，并且成为许多风流才子吟诵的对象：“罗衫叶叶绣重重，金凤银鹅各一丛”（王建《宫词》）、“碧缱缃约，鸾尾凤头”（温飞卿《锦鞋赋》）。发式也有以凤命名的，如凤髻、参鸾髻等，并不是说此种发髻的样式真如凤的造型一般，只是唐人喜用夸张手法来称赞美好的事物，也符合妇女用一种神态丰美的事物来描述自己的美好愿望。宋代审美承袭唐代，只是添了一些清雅、素净的意味在里面，凤纹的运用亦是不可或缺的，如宋人画《搜山图》中，妇女的鞋子为红帮，鞋头作上翘凤头。宫人也有此类鞋样。《梦粱录》中还载有“飞鸾走凤七宝珠翠首饰花朵”[2]的一种饰品，像发钗一样插在头发里作为装饰。崇宁年间女性还崇尚云尖巧额、鬓撑金凤的额发修饰。织锦在宋代也得到了长足发展，元丰六年（1083），朝廷在成都之东设立锦院，招募五百军匠到此地从事织造行业，南宋初年又织造锦绫被褥等，锦纹的种类十分丰富，其中就有真红穿花凤锦的纹样。另外在书画装裱上的绫锦纹样也极为考究，紫小滴珠方胜鸾鹊、紫地紫鸾鹊、白地紫鸾鹊、红霞云鸾、黄霞云鸾、红遍地翔鸾及芙蓉等凤纹样更是夺目。辽金元为游牧民族，除了宫廷女性的服饰承宋制尚有凤纹之外，民间女性多着粗衣短褐，以便从事日常生产工作。而到了明清时期，由于市场经济的发展，市民阶级觉

②（宋）吴自牧：《梦粱录》，浙江人民出版社，1980 年。

醒，丰富的文化生活也引发了凤纹大繁荣的局面，但统治者为了防止“僭越”行为，明代对民间妇女衣着的布料、色彩、纹饰都有规定，都偏向较为单一、非正色的颜色，也不许用金绣，但其他日常用品的花色纹饰并不限制。清代满汉妇女穿着各具特色，清中期有“绣凤凰裙”的西洋印花裙出现。虽然古代统治者为了区分阶级而禁止民间穿戴凤纹凤饰，但“摄盛”制度却让民间女性在大婚之日也能享受凤纹凤饰所带来的愉悦的审美体验。另外，少数民族服饰中也有独具特色的凤纹凤形装束，最具代表性的就是畲族的“凤凰装”。

凤鸟图案至今也广泛应用于生活的方方面面，以湖北省的民间技艺为例，汉绣中有“龙凤呈祥”“凤穿牡丹”的纹样；民间剪纸中有孝感剪纸作品《百凤图》；鄂州雕花剪纸也有丰富多样的凤纹图案。此外，凤凰、牡丹是官方与民间共享的富有代表性的图案。牡丹是花中之魁，凤为神鸟，为百鸟之王，兆示福瑞，因此凤凰、牡丹是民族吉祥图案中常见不衰的纹样，无论是写实还是写意，都寄寓着人们对于吉祥的期盼。服饰中凤与牡丹的组合纹样主要有三种形式：“凤喜牡丹”“凤戏牡丹”“凤穿牡丹”，而这三种形式又是以不同的结合方式来抒发不同的精神寄寓，具有不同的文化内涵。

凤纹图案随着不同历史时代的文化而流传演变，经历了数千年的发展，不断创造着新的形式，最终成为一个被民众广泛接受和认同的民俗化符号。

第二章

丹凤朝阳：凤与民间信仰

凤与民间信仰的关系，从凤与自然崇拜开始。崇拜意识产生于先民对世界的直观且模糊的认识，他们无法解释诸多自然现象，只能以虚幻的方式认识周边世界，以此达到掌控自然、保证生产生活、减少自然威胁的目的。在这种原始思维下产生的凤崇拜，同样是对周围事物虚幻的反映，它是人们想象的产物。自然崇拜中不仅有动物崇拜，还有太阳崇拜和风崇拜。人们对凤的崇拜与动物崇拜、太阳崇拜和风崇拜都有着很深的渊源关系。

凤与传统信仰主要从儒释道三个方面来讲：儒家用凤凰粉饰太平盛世；凤与佛教的关系主要体现在出现了与佛教元素的组合，比如凤纹与佛教纹饰的结合；道教崇拜四灵，主要信仰是升仙，凤鸟就是带领人们升仙的神鸟。

凤作为一种崇拜的对象，与其祥瑞内涵不可分割。凤与祥瑞文化包括三个方面：一则"龙凤龟麟"四大灵物一直被人们看作是祥瑞的代表；二则在政治上，凤是皇家权力的象征，在一定程度上能维护中央集权专制制度；三则无论在官方还是民间历代都出现了各式各样的凤纹图案，比如"丹凤朝阳""凤穿牡丹""凤求凰"等，都有着祥瑞的意蕴；除此之外还有在文学诗歌中出现的凤鸟，以及民间百姓起名的时候选用“凤”字都说明凤所代表的祥瑞文化源远流长。

第一节　凤与自然崇拜

自然崇拜是将大自然中出现的事物及其产生的现象当作是有生命、有意义而且有权威性的对象加以崇拜，是最原始的崇拜。在原始的自然生态环境里，自然的变化莫测让先民们陷入未知的恐惧之中，但人类对自然有着绝对的依赖性，所需的一切都要向大自然索取，因而自然在人们心中便增添了这种神秘之感。从人类审美发展史来看，原始先民的第一个审美对象不是人类而是自然。李泽厚认为美是自然的人化，一方面，人必须依靠自然有形无形的资源而得以生存，另一方面，洪水、干旱、猛兽入侵又给人们带来恐惧与威胁，人们为了减轻自然带来的威胁，便将自然物幻化为神，加以虔诚的供奉和崇拜，并赋予这些自然物以人的情感、意志，将人的审美价值观念植入自然物之中，并赋予自然物更强大的威力，以至于神通广大、无所不能，从而达到庇护人类、造福人类的目的。这是自然的人化的初级形态。因此，原始先民对自然的崇拜是一种直观经验性与权威功用性并存的崇拜，在这种崇拜体系中，崇拜的对象已不是原本真实的自然之物，而是先民经过审美改造过后的自然物，是人化的自然。在这种崇拜体系里蕴含着多种审美伦理观念，一方面将自然看作是神灵的化身，而神灵又以自然为载体，因而神灵与自然融为一体，反映了人们顺应自然、尊敬自然，人与自然和谐共处的一种生态美学观念；另一方面反映的是人们希冀实现趋福避祸、消灾免难、多子多福、人丁兴旺的家庭实用观念。尽管他们的思维体系在今天看来不科学乃至荒谬，但它是原始先民生活经验的总结，具有一定的现实意义。

关于凤的起源一直众说纷纭、莫衷一是，从动物原型到图腾融合，从神秘力量源泉到祖先崇拜，凤同龙一样，作为一种现实世界不存在的神兽，它是通过人们的想象构建而来。凤崇拜是原始先民在探索周遭事物过程中幻想的产物，是原始先民世界观和想象力的体现，并一直作为中华民族的民间信仰持续至今，其和美、祥瑞、圆满的美好象征也是凤之所以具有持续生命力的重要原因。

一、凤与动物崇拜

许慎在《说文解字》中写凤“鸿前麟后，蛇颈鱼尾，鹳颡鸳思，龙文虎背，燕颔鸡喙”。[1]

①（汉）许慎：《说文解字》，中国书店，1989年，第177页。

也就是说，从外观上来讲，凤是一种外形独特的动物，从前面看像是鸿雁，从后面看像是麒麟，并且有蛇的颈、鱼的尾、鹳的额、鸳的腮，身有龙纹而背如虎，下巴似燕而嘴如鸡，羽毛颜色绚丽多彩。之后又说，凤生于东方的君子之国，可在神州大地上自由翱翔，如果有幸见到则预示着天下太平。以目前的生物种类来看，具备以上特征的鸟类在现实的自然界并不存在，更像是将某种已有的生物，经过人们想象的细致加工，融合其他动物的特点于一身而产生的一种奇异神兽。

从远古人的原始思维来看，动物会有一些特殊的性能或者人类所不能及的本领，人们把这些动物赋予神性色彩，并将每种动物自带的神秘属性加以组合，使众多本领和功能成为统一体，便形成一种“整体关联”，凤的产生与形成就是“整体关联”的原始思维之下的产物。

（一）凤与鸟崇拜

远古人向来爱鸟，“不擒‘孕伏’，不伤雏幼，不害孵乳，爱屋及乌，爱鸟及林，比现代人还重视保护环境与生态，天人以和，和谐共处”[①]。先人在畏惧自然的同时更敬畏自然、保护自然，形成一种可持续发展的模式。鸟尤其是一些大型鸟类，在振翅的时候会有飞沙走石之力，这种威力为先民所不及，人们自然便将鸟的威力与凤的神秘属性联系在一起。

①萧兵：《龙凤龟麟——中国四大灵物探究》（下册），华中师范大学出版社，2014年，第535页。

更为重要的是，鸟具备很强的繁殖能力，是鸟崇拜的基础。鸟类秋去春来，又代表着四季的循环，类似于人类的生老病死。先人们通过鸟类看到四季流转、生命的周期变化，发现自然规律，把鸟看作是有灵性的动物、神性的存在，因此认为鸟是凤的化身。屈原在《天问》和《离骚》中说到简狄时，就把玄鸟和凤鸟作为同义词。“凤”是鸟的神化形态。凤是百鸟之王，融合了多种动物的形态特征。“凤凰最早的母型是凶悍的鹰鹫，壮伟而非一般之美；后来则加冠增尾，夸饰毛羽，越来越华丽尊贵，终于成为中华民族最‘美’的神鸟。”[②]在民间信仰当中，凤被看作是“神鸟”，鸟能够飞翔，这正是人们所羡慕的地方，所以人们认为崇鸟能带来吉祥福瑞，并且人们认为鸟群之中本领最大的就是凤。五色备举，光华满身，凤凰是“鸟王”，它能载人升天，凤崇拜就产生了，并随着时间的发展，凤在人们心中的地位越来越高，渐渐取代了对其他鸟的崇拜。

②萧兵：《龙凤龟麟——中国四大灵物探究》（下册），华中师范大学出版社，2014年，第526页。

（二）凤与鸡崇拜

按照《说文解字》上的说法，凤具有鸡的长喙尖嘴，还有说法认为凤凰头部有冠羽，而形似鸡冠，再如常言所说“鸡窝里飞出金凤凰”，都可以看出凤与鸡有着不可置疑的渊源关系。

在原始先民看来，鸡鸣代表着一天的开始，他们认为鸡唤醒了太阳，太阳能带来光明和温暖，所以鸡是一种非常神秘的动物。这种神秘感让人们以为它具有预测未来的力量，于是人们开始用鸡来占卜，用以预测凶吉。后来人们越来越多地想从鸡那里获得福报，于是就将鸡的神性赋予了凤，并对其加以改造，凤崇拜又得到了丰富。从不同时期凤鸟形态的变化也可以看出凤崇拜和鸡崇拜的关系，在秦汉时代，凤的头冠和鸡相似，昂首阔步，神态威风，这就是对鸡动作形态的改造和变形。到了宋代，这种现象更为明显，凤的形态就是以鸡为原型的夸张变形，头部就是鸡的样子，只是对比鸡来说凤眼长、腿长、尾长。人们在改造中保留了鸡的形态特点，并对其加以神性化。由此可以看出，凤崇拜是建立在对鸟和鸡等动物崇拜基础之上的神物崇拜。

二、凤与太阳崇拜

（一）太阳崇拜

自然万物离不开太阳，因而太阳崇拜是一种普遍的自然崇拜类型。太阳崇拜在全世界都可以见到，在有些地区，太阳被看作是万物之母。太阳的起落是白天与黑夜的分界，太阳落山表示黑夜的降临，万物平息，太阳升起又带来无限的光明与温暖，太阳被赋予区分白天和黑夜的神秘属性。此外，太阳有掌控世间万物的神力，万物的生长都离不开太阳的光和热，尤其是在农耕社会中，一切作物的生长都需要太阳，日照长的地区作物生长得更好，太阳的重要性可想而知。

（二）太阳鸟信仰

太阳鸟信仰，包含两个部分：一个是太阳信仰，一个是鸟信仰，是以鸟信仰为原型构成的太阳与鸟复合体信仰。上文已经提到了，原始先民赖以生存的农业生产对阳光的需求，是造成人们崇拜太阳十分重要的原因，特别是稻作对阳光的依赖，七千年前河姆渡的稻作生产，基本上是靠天吃饭，只能用天然的洼田作水稻田。水稻生产依靠充足的水和阳光，如果得不到充足的阳光和水，人们便会恐慌，这更激发了人们对阳光的祈求。鸟类带来了稻种，奠定了耕耘稻作生产的基础，人们对鸟感恩戴德，鸟与太阳对先民的农业生产来说都起到了重要的作用。

将太阳和鸟放在一起形成太阳鸟信仰，它体现的是原始思维的互渗。对太阳鸟的信仰，至少出现于七千余年前。河姆渡文化有双鸟负日的象牙鸟形器，属于大汶口文化的山东莒县陵阳河遗址出土的陶器上有一个字，上为日，中为鸟形，下为火。此字反映了先民对太阳的认识：太阳就是由飞行的神鸟载着一团熊熊燃烧的火焰。古人是以模糊思维来看待身外世界的，他们只能直观地看到事物本身，因为太阳和飞鸟这两种事物总是同时出现，所以他们很容易将飞鸟和太阳联系在一起，他们认为鸟是喜欢太阳的，它飞翔的地方就是接近太阳的地方。冬天到春天的过渡期，鸟儿从南方飞回来，也会被认为是鸟带来了春天和温暖，于是鸟崇拜和太阳崇拜就交织融合在一起了。

凤被看作是一种神鸟，太阳鸟形似凤，由人们对太阳鸟的信仰不难得出人们对凤的崇拜。在原始先民的思维当中，他们无法区分物理性和生物性，也就是太阳和鸟在他们看来并不是两个世界的事物，它们之间没有不可跨越的鸿沟，是相伴相生同时出现的两种事物，这就是它们在先民思想当中形成的印象，先民甚至认为太阳也是生灵。因而凤与太阳也是可以融为一体的事物，人们崇拜太阳，也崇拜凤。

三、凤与风崇拜

（一）凤与风

人们对风的崇拜和对太阳的崇拜有相类似的心理，都是源于对自然力量无法掌控的恐惧，从而觉得它有神秘属性。在甲骨文字形上和古代的诗书典籍中可以找到古人对风崇拜的依据。

从文字学的角度看，凤崇拜和风崇拜之间有难以分割的联系。“风”和“凤”的繁体字分别为“風”和“鳳”，风动虫生，风的里面是一个“虫”字，“凤”的里面是一个“鸟”字。而“虫”是古代对所有动物的一个总称，是一个宽泛的概念，不是现代人们所理解的昆虫。所以“虫”和“鸟”之间是有联系的，它们都是动物，并且它们之间还可以互换。在古代，鸟还有一种说法是“羽虫”，就是指带有翅膀的动物，“羽虫”种类很多，但凤是其中最优秀的一个，所谓“羽虫三百有六十，而凤为之长”。因而在甲骨文中，可以发现“凤”与“风”便是同一个字，相似且可以互换。以“风”为“凤”或以“凤”为“风”。

从古代文献典籍对凤的描述来看，《论语摘襄圣》中说凤有“六像九苞”，即凤的外在形象有六像九种特征，凤的头像天，眼睛像太阳，背部像月亮，两翼像风，脚像大地，尾像纬，凤和风应该有密切的关系。卜辞中屡次出现的“遘大凤”其实就是“遘大风”，因为卜辞“以凤为风”，多借用“凤”字来表示“风”的含义。此外，《初学记》所引的《山海经》中记载：“魔山之西有谷焉，名曰藋谷，其木多柳。凤伯之山，熊山，真陵之山，木多柳”，① 而今本《山海经》均作“风伯之山”，② 可见“凤”与“风”同为一字。《说文》讲凤白天“翱翔四海之外，过昆仑，饮砥柱，濯羽弱水”，晚上则要“莫宿风穴”。“风穴”实际上指的是“凤穴”。西汉马王堆帛书《天文气象杂占》中的“大风”之神，同样也是指的大鸟，是大鸟之神，大风实则就是大凤。由此观之，“凤”与“风”应该具有同源关系，先人们对风的崇拜与凤崇拜密不可分。

（二）凤与相风

“大风起兮云飞扬”“北风其凉，雨雪其滂”，大风具有的翻云覆雨的能力让人们惊叹之余产生恐惧之感，人们对风的这

①（唐）徐坚等辑：《初学记》（下），京华出版社，2000年，第491页。

②陈成：《山海经译注》，上海古籍出版社，2012年，第202页。

种神秘力量加以崇拜。更重要的是，风在古代有一个重要的功能：指导生活和生产。据史籍《左传》记载，远古黄帝的曾孙帝喾时，以凤鸟氏为历正官，历正官的作用就是专门掌管天文历法，按照时令季节及气候变化指导人们进行合理的生产生活。相传凤鸟氏最古老的祭坛就在凤凰台，又称“凤化台”，是凤氏教化之台，属商周时期的文化遗址，至今保存在山东省济宁市任城区南张街道，现在成为省级重点文物保护单位。古时的人们讲究天时地利人和，无论作战还是农业生产、生活都要考虑自然气候条件和地理环境。在天文历法当中有一个非常重要的内容便是“知风”，“知风”主要是知道风力的大小、方向，发现掌握季风的规律，于是就有了一项和占风有关的仪器——相风。“相”就是“观测”“察看”，“相风”就是观测、察看风的方向、风力大小、季风的规律的仪器。此外，还有相风鸟，山西浑源圆觉寺创建于金正隆三年（1158），通塔九层，塔高三十余米，其塔顶至今尚存铁质风鸟，相风鸟栖身顶部，华盖在其下方，华盖类似于风向仪，可用来定位方向，相风鸟加上华盖，构成候风仪器。但是它不仅仅是占风这么简单，在古代的时候“风”字与“凤”字是相通的，所以“相风”，除了被理解为观测风以外，还可以理解为“相凤”，即“凤之相”。晋代潘岳在《相风赋》中写道：“立成器以相风，栖灵乌于帝庭”，灵乌是昭示祥瑞的象征，可能与凤相关。

（三）风与风神

风不仅有观测、预测的作用，而且与风神相关。“风者，天之使也”，古人认为风是上天派来的使者，风能掌管风力、风向、季风的时令，若想知天时、风向都需依赖于风使。甲骨卜辞记录“于帝史凤，二犬”，卜辞认为风就是凤，认为风就是天上派来的使者，用二犬来祭祀它。

说到风使，实则与人们通常所认为的神相通。“飞廉”

是古代人尊奉的一位风神，也被称之为“蜚廉”，是上古神话中的神兽。据古代地理书籍《三辅黄图》中记载，飞廉能呼风唤雨，其身像鹿，头有角像雀，尾巴如蛇，其纹身似豹。因而飞廉的形象多取自鸟禽，与“凤”形象相同。有文献称飞廉是商朝的一位重臣，因为擅长于行走而为商纣王奔劳效力，纣王荒淫无道，武王伐纣，商亡，飞廉乃忠贞勇敢之臣，便殉国自杀。天帝得知，甚为动容，便将飞廉封为“风神”。也有传说记载，称“风伯”为飞廉，飞廉的特征与《三辅黄图》中所描述的相同，它从“风母”那里学会了掌八风、通五运的本领，能够呼风唤雨，致风收风。在黄帝打败蚩尤之后，便被黄帝当作掌管风的神灵。曾经被认为是凤鸟化身的虞舜和风也有着联系。据舜所弹奏的五弦之歌《南风》可知，南风可消除人民忧思愁苦，可增加人民物质财富，风在人们心中的地位可想而知。

因而“风”与“凤”具有一定的渊源关系，人们对凤的崇拜从某些方面来说可看作是对风的崇拜。风不仅能指导生产生活，还能帮助人们观天相、判祥瑞。此外，飞廉、虞舜等风神也同凤相关，因而人们对凤的崇拜与风崇拜密不可分。

第二节　凤与图腾崇拜

图腾一词来源于北美印第安鄂吉布瓦人的方言，其含义是“亲属”和“标志”。作为一个氏族的标志或图徽，图腾是每个部落的崇拜对象，他们相信自己是图腾的后人，相比于自然崇拜的“畏”，图腾与先人之间存在某种血缘关系，有“认祖”与“标识”的功能，所以含有“敬”的意味。此外，人们希望自己具备图腾具有的特殊品质，能够战胜敌人或者野兽，抵御自然灾害而威力无比，把图腾当作部落或者氏族的保护神而顶礼膜拜。有时这种获取能力的途径是在特殊的节日里以某种特殊的方式将图腾或神吃掉，这也许就是图腾纹饰出现在一些用来盛食物的器皿上的原因。

一、凤纹的雏形源自鸟纹

据刘正成主编的《中国书法全集·第七十一卷》记载："天地之初，有三白鸟，主生众鸟。"[1] 三白鸟是一种神鸟，在天地形成之初便有这种鸟，并且可称之为众鸟之王，因而鸟可以看作是最早出现的动物，与之相关的鸟图腾也可看作是最早出现的图腾之一。较为典型的还有《诗经·商颂》中所言"天命玄鸟、降而生商"的故事，有资料考据称玄鸟和凤在当时都是指燕子。简狄是帝喾的妃子，在外面洗澡的时候看到一只鸟蛋，简狄吞下鸟蛋，孕而生下契，契便成了商人的始祖。在先民对生命的本源以及宇宙本源的认识当中，鸟蛋是根本、原型。这样的思想不仅在一个朝代出现，从殷商至先秦都有它的存在痕迹。新石器时代陶纹上出现的鸟的形象可看作是目前最早的鸟纹形象。中国古代有一种叫羽人的飞仙，外形有鸟的特征。羽人最早出现于《山海经》，称羽民。羽人一般身上长有羽毛或者身上披着羽毛，有翅膀，可飞翔，一般认为与道教所倡导的羽化升仙有关。

①刘正成：《中国书法全集》，荣宝斋出版社，2004年，第231页。

鸟图腾作为人类最早的图腾之一，其鸟纹亦是多种多样，我国鸟纹的图案大致包括鱼鸟纹、太阳鸟纹、蛇鸟纹、花鸟纹几种，这些花纹出现在陶器、玉器、青铜器等多种器物上。

在早期，蛇鸟纹是一种常见的花纹，它代表的是原始部落的斗争。现存的蛇鸟图纹，都有一个共同点，就是以鸟为主体，鸟代表的是斗争双方当中胜利的一方，昂首阔步，略显神气。相对而言，蛇只是作为配角，蛇的形体弱小，它是战败或者受伤一方的形象。鸟蛇相争其实是人与人之间的相争，这也

图 2—1　花鸟纹铜镜

是人们自身力量的显现。“从战国到秦汉这一阶段的绘画来看，鸟蛇相兼的造型已成某种定势，它们并不代表具体部族，这是部族消亡、文化融合的结果。”[①] 鸟蛇纹出现的缘由与氏族部落之间的纷争相关，后来不同氏族部落之间由纷争走向统一，逐渐融合，鸟纹与蛇纹交融在一起。

①高晓黎：《中国凤鸟图案源流及其民俗性》，《艺术教育》2009 年第 1 期。

花鸟纹见于玉器、彩绘瓷器上，是一种极为常见的花纹，花鸟纹的产生受传统国画的影响，鸟纹与花卉纹相结合，格调优雅而又不失活泼生动。比如图 2—1 花鸟纹铜镜，有不同花的纹饰，鸟在其间，栩栩如生。

凤和龙一样，是先民在模糊思维下幻想的产物。这种具有神秘性又被人崇拜的形象，不能像鸟一样找到它的本体，它本身是不存在的，凤纹形象是从鸟纹形象演变过来的。凤纹的流行，使器物具有了一些人性的色彩，凤纹承载着人们的祈愿与尊荣。

二、鸟图腾崇拜

鸟崇拜在世界各地的原始部落中都普遍存在，并且在众多的生物与非生物崇拜之间，鸟崇拜在大部分地区也占有很大的比重，原始部落中的人们将鸟作为自己的图腾或者神。据 C.A. 托卡列夫对澳大利亚各部族的图腾种类统计，使用鸟图腾作为部落图腾的比重在澳大利亚大部分地区居首位，其中鸸鹋、鹦鹉和鹰类猛禽占绝大多数，这虽然与当地盛产这些物种有很大关系，但这其中也寄托着原始人类对某种生物具有的特殊本领或特征的崇拜心理，如鸸鹋的善走、鹦鹉的绚丽和鹰的凶猛，这些都是某种生物或非生物能够成为部落图腾的重要因素。

在中国，鸟作为原始部落的图腾较为普遍，在长江、黄河流域均有发现。从出土器物的表面图案来看，马家窑彩陶凤纹图案、仰韶文化庙底沟陶片凤鸟纹等都有典型的凤（鸟）形图案；赵家沟文化凤形陶杯、河姆渡文化“双凤（鸟）朝阳”牙雕和“双凤（鸟）负日”骨雕等器物上也可以看到鸟图腾崇拜的痕迹。还有一些相对粗糙的家用陶器和绘制精美的陶器、鸟造型陶器和打磨石器及少量玉器等都说明鸟图腾在当时极为普遍。许多部落的图腾有时是这个部落的主要食物来源，他们把鸟形象绘在器皿上可能出于一种对食物的渴望；在有的地方，图腾作为部落的神灵，会在特殊的节日里被部落的人们捕捉、祭祀，最后装在仅在这一天使用的特殊器皿（通常绘有图腾纹样）里分食。他们怀着无比崇敬和敬畏的心情，在整个过程中对图腾致歉、念祷词，唯恐图腾发怒而加罪于他们，最后企图通过吃掉图腾躯体的方式来获取图腾所具备的特殊品质，并向图腾的灵魂祈祷，希望能给他们带来更多的收获和好运。

凤鸟图案在民间广为流传，是因为其中的寓意关系到每一个人——生殖是人们绕不开的话题。在母系氏族社会，先民认为鸟是女性的本体或者化身。人们崇拜鸟类，是因为鸟有较强的生存繁殖能力。在母系氏族社会，女性之所以具有很高的地位，就是因为女性能孕育生命，延续氏族血脉。在远古先民的思想观念里，他们信奉万物有灵，因为只能看到直观现象，所以会自然而然地将女性生殖和鸟类产卵联系到一起，认为两者是同一类事物。他们崇拜鸟，表达的是对生育和繁衍的愿望。古籍中常见有鸟生子与人生子相提并论的记载，如《说文解字》中说："乳，人及鸟生子曰乳，兽曰产。从孚从乙。乙者玄鸟也。"[1]从《说文解字》对"乳"的解释来看，人类孕育子女、鸟孵化生命都称为"乳"，兽类则称为"产"，将鸟的孵化与人的出生放在同一层面。并认为"乙"是玄鸟，而玄鸟在当时是指黑色的燕子，人们认为燕子的繁殖与人类生育有密切的联系，因而在传统的祭祀活动之中，人们会在燕子归来时进行求子仪式。也有一些神话故事出现人鸟合一的情况，如上古神话中炎帝最小的女儿，名曰女娃，因擅自出游东海看日出遭到大浪的席卷，溺水而亡。在她死后，其灵魂化作一只鸟，并发出"精卫、精卫"的叫声，后来的人们便把这只鸟称为精卫鸟。

①（汉）许慎：《说文解字》，中国书店，1989年，第584页。

鸟图腾源于人们对鸟的崇拜，将鸟的繁殖与人类繁衍等同，甚至以人化鸟，人鸟一身。凤凰崇拜与先民的鸟图腾崇拜应是一脉相成的，凤图腾前身是鸟图腾，凤图腾所代表的是先民们对鸟崇拜的原始记忆，并使图腾具备了更多的文化内涵和人性特质。

三、凤图腾的崇拜

凤图腾崇拜可以在鸟图腾崇拜中找到渊源。凤并不是真正存在的生物，而是由多种生物合为一体，各体兼备，因而具有非同寻常的能力和本领，被人们敬仰和崇拜。"凤凰的母型主要是'鹰'（鹏）、雉鸡或孔雀，再华丽、再高大，也还是'凡鸟'。"[2]1987年荆门包山2号墓出土的战国时期彩绘凤鸟双

②萧兵：《龙凤龟麟——中国四大灵物探究》（下册），华中师范大学出版社，2014年，第528页。

图 2—2 彩绘凤鸟双连杯

连杯（图 2—2），竹木结合组成一凤负双杯状，凤首高昂，尾部上翘，双翼展开。凤身两侧为两个竹杯，杯底部用竹管相连通。凤头、凤身、凤尾饰羽毛纹，由此可知凤与鸟已融为一体。1965 年江陵沙冢 1 号墓出土的彩绘鸟兽纹矢箙面板（图 2—3），产于战国时期，矢箙为箭囊，面板为扁盒形，中部透雕凤鸟，鸟头向下，翅膀和尾巴朝上，鸟的左右有凤、豹各一只，豹做回首状，凤做站立状，立于豹头之上，边框上部浮雕两条小蛇。

图腾作为一种“亲属”和“标志”，在氏族部落中形成，也作用于不同的氏族部落。图腾可看作是权力的象征，其内涵对政治生活产生了较为深刻的影响，对统治者巩固地位起到举足轻重的作用。少昊被后人尊为五帝之一，相传少昊诞生时有五只不同颜色的凤凰落于庭院内，因而少昊被人们称为凤鸟氏。少昊把鸟作为自己国家的图腾，并依据不同鸟类的特征任命不同的官员，其中凤是百鸟之王，百官之长，形成一个以凤鸟为图腾的完整的氏族社会。在少昊统治期间，祥和安宁，社会繁荣，呈现凤国盛世之景。在此以后，统治者们都有自己的

图 2—3　彩绘鸟兽纹矢箙面板

图腾。图腾制度可看作是最早的社会制度，后来从政者为了掌握政权，保持政局的稳定，利用人们对鸟图腾的崇拜心理，将自己与神鸟融为一体，或借神鸟来表明身份地位的合理性，以达到管理和统治的目的。凤在统治者和平民百姓心目中便成为权力与地位的象征。唐朝王室女子的服饰、日用品上面也绘有凤凰，象征着尊贵、不可逾越的身份。

第三节　凤与祖先崇拜

一、祖先崇拜

原始初民对变幻莫测的自然怀有敬畏之心，把太阳、风、动物等自然事物赋予神性色彩加以崇拜，对于未知的自然现象和规律当作是神灵的旨意。因此，自然事物不仅仅是其本身对于先人繁衍生存有重要作用，同时也是神灵的载体，人们崇拜自然是对神灵的崇拜，寄托人们的美好愿望。因此，自然崇拜是人们受缚于自然的一种被动式的表达，人从属于自然，服从于自然，对大自然有着绝对的依赖关系。与自然崇拜相比，图腾崇拜不仅具有神性，也具有社会性，在氏族之间不仅具有区别功能，也具有团结凝聚的功能。图腾本身就是一个部落或者氏族的标志，人们认为图腾所代表的事物与自身部落或者氏族的人们有共同的血缘关系，因此，图腾崇拜对群体开始划分，使人们具有类别意识，有利于族群内部的团结，同一部落、氏族的人们不仅是血缘共同体，也是社会共同体。祖先崇拜的出现使人类开始真正地有自我意识，这种意识的产生一方面来自图腾崇拜的团体意识，人们开始注重维护部落的人际关系，将不同族群的人分门别类，人与人之间开始产生分化和区别；另一方面，生产力的发展起到非常重要的作用。人们种植水稻、小麦等农作物，捕猎、驯养动物，人不再绝对性地依赖于自然，而开始意识到自身的作用与本领，对于众多自然现象虽依旧无法完全解释，但人们意识到通过主观性的劳动可以获得基本的生存需要。随着英雄人物的出现，人对自身力量有着更为直观的认识，并激发人们征服自然的欲望，这些英雄人物成为人们的祖先，祖先崇拜应运而生。因此，祖先崇拜是在人的自我意识觉醒之后，对自身改造自然力量的一种崇拜，是对人自身的接纳与认可，从而有助于主观能动性的发挥，激发人类的生产力与创造力。

二、凤与祖先

关于凤与祖先崇拜的关系，首先要从太昊说起。“中华始祖太昊伏羲氏，史称‘三皇之首’‘百王之先’”，[1] 太昊是传说中上古东夷族的始祖，地位显赫，政绩显著。相传他在执政期间，改革农田，发明琴瑟等乐器，织网捕鱼，任命众多官吏，还发明了十二地支，创立了八卦。有史料记载，太昊与伏羲同为一人，合称太昊伏羲氏。“太昊之母居于华胥之渚，履

①齐玉珍：《太昊陵庙》，海天出版社，2005 年，第 159 页。

巨人迹，意有所动，虹且绕之，因而始娠生帝于成纪。蛇首人身。以木德继天而生，故风姓。有圣德，象日月之明，故曰太昊”，[①]“风姓之源，皇熊氏之后”，[②]伏羲姓“风”，“风”与“凤”相通，因而太昊也应该是以凤作为图腾。

①（清）葛震，（清）曹荃；（明）赵南星，（清）仲弘道：《史记四言史征、增定史记史韵》，陕西师范大学出版总社，2015年，第24页。

②（元）忽思慧：《饮膳正要译注》，张秉伦、方晓阳译注，上海古籍出版社，2014年，第13页。

相传少昊在诞生之时有五彩凤凰出现，后在年少时被其父黄帝送至东夷部落联盟中最大的部落凤鸿氏部落修炼本领，后成为凤鸿氏部落的首领。因本领超群、治理有方，而后成为整个东夷族的首领。少昊的部落以凤鸟为图腾，凤鸟是权力的象征，是盛世的体现，由此诞生了原始的凤文化。

三皇五帝之一的炎帝，被称为“神农氏”，炎帝和黄帝一同被认为是华夏民族的始祖。有史书记载：“神农氏，姜姓。母曰任姒，有乔氏之女，名女登，为少典妃，游于华阳，有神龙首，感女登于常羊，生炎帝。人身牛首，长于姜水，以火德王，故谓之炎帝”，[③]“斫木为耜，揉木为耒，耒耜之利，以教天下”，[④]炎帝教会人们依据时节种植农作物，学会使用工具，制作弓箭抵御野兽和外敌的入侵，用麻布制作衣服抵御寒冷，生产陶器储存粮食等食物，炎帝还懂草药，用草药医病，他开创的农耕文明在华夏文明史上留下了重要的印记。从名字就可以看出，炎帝与火有关，炎帝是姜族部落的首领，因为会使用火而成为首领，姜族人善于用火，也有一些古籍当中把炎帝称为“日神”，因而人们也应当崇拜太阳，火与太阳相关，都能带来光和热。凤凰同样与太阳和火有联系，凤凰向来喜火向阳。

③夏曾佑：《中国古代史》，中国文史出版社，2015年，第10页。

④夏曾佑：《中国古代史》，中国文史出版社，2015年，第10页。

崇拜凤凰的，除了炎帝部落以外，还有舜帝。舜帝也是五帝之一，据汉代刘向记载的传说，舜帝是凤鸟的化身，舜夜里睡觉时梦见一只凤凰，自称是一只鸡，以米为食，舜乃视之，发现其实是只凤凰。传说记载，舜和重明鸟一样，双睛在目，状如鸡。还有传说记载舜帝同父异母的兄弟曾经想谋杀舜帝，让他葬身火海，但是舜帝鼓动羽衣，变成一只大鸟，飞出了火海。还有一个传说，舜帝在祭祖的时候学着凤凰的样子祭祀祖先，以求众生福祉，天下祥瑞。

舜帝之后与凤有联系的是商族人，商代青铜器发达。很多青铜器上的花纹有夔纹，又有称“夔龙纹”或者“夔凤”，在商周晚期和西周时期，夔纹是青铜器上的主要纹饰之一，应用广泛。夔是上古神话中的一种神兽，《说文解字》中所言夔只有一足，《山海经·大荒东经》中记载夔每次出现的时候都能带来狂风暴雨，而且其叫声如雷贯耳，身上还会闪耀着光芒，黄帝用它的皮制成鼓，其鼓声可以响彻云霄，由此可见夔的威力。从商周时期青铜器上的夔纹可见商周人对夔的崇拜。夔似龙，也似凤，有些青铜器上的夔纹如凤纹，因而夔纹也称“夔凤”，可见商周人对夔的崇拜与龙、凤不无关系。

据《韩非子》载，夔应该是一个本领超群的人，鲁哀公问孔子：“我听说夔一足，而非同常人，是这样的吗？”孔子便说是夔一人足矣，而非仅有一足。在这里，夔是人名，精通声律，以乐和之而平天下，相传舜欲以乐治理天下，便重用夔为乐正，成为管理朝廷音乐的官员。后因以“夔一足”表示有真才者一人即足。因此夔并不是一种动物，而是一个人。“殷墟卜辞中有‘高祖夔’一词，有学者考证，这个‘高祖夔’很可能就是《山海经》中的帝俊”，“夔就被认为是商族的一位‘高祖’”。[①]《山海经·大荒南经》中写道：“大荒之中，有不庭之山，荣水穷焉。有人三身，帝俊妻娥皇，生此三身之国，姚姓，黍食，使四鸟。有渊四方，四隅皆达，北属黑水，南属大荒。北旁名曰少和之渊，南旁名曰从渊，舜之所浴也。”[②]这里面提到帝俊，帝俊是东方部族的远古始祖，少昊是帝俊的后裔。相传帝俊的形态是鸟头猴身，这说明他与凤也是有联系的。“商人在刻画凤纹时，就有意地选取了高祖夔的主要特

①庞进：《凤图腾》，中国和平出版社，2006年，第73页。

②陈成：《山海经译注》，上海古籍出版社，2012年，第278页。

征：一足。”[1] 因而商朝人对凤的崇拜与对祖先的崇拜是相互融合的。

传说周族始祖弃是姜嫄踩在巨人脚印上因孕而生的。弃先是被遗弃，而后被凤凰所救，所以从传说来看周族的始祖是被凤凰养育大的，周族人对凤凰的崇拜之情可想而知。据说周族人攻打商人的时候，上天命令一只火红的大鸟衔着一块玉降临到周原。此外还有“凤鸣岐山”的典故，岐山是周朝的发源地，在周朝繁盛之前，周文王治理国政，有凤凰栖息在岐山，并不断鸣叫，因而人们把它看作是太平盛世的象征，也有人因此把周文王看作是凤凰，因为他的德才兼备而带来和平繁盛的景象。由于人们对凤凰的崇拜，在周朝取代商朝以后，凤纹逐渐成为了青铜器上面的主要纹饰之一。

秦代人的祖先据说是吞食玄鸟的蛋而诞生的，据《史记·秦本纪》：“秦之先，帝颛顼之苗裔孙曰女脩。女脩织，玄鸟陨卵，女脩吞之，生子大业。大业取少典之子，曰女华。女华生大费，与禹平水土。已成，帝锡玄圭。禹受曰：‘非予能成，亦大费为辅。’帝舜曰：‘咨尔费，赞禹功，其赐尔皂游。尔后嗣将大出。’乃妻之姚姓之玉女。大费拜受，佐舜调驯鸟兽，鸟兽多驯服，是为柏翳。舜赐姓嬴氏。”[2] 也就是说，秦国的祖先大业同商类似，也是其母女脩误食玄鸟蛋而怀孕产下了大业。还有一种说法，秦人是东夷族的后代，东夷族的祖先是少昊，秦人同他一样，也崇拜凤凰。有传言凤凰台是秦穆公为其女修建，北宋李昉主编的《太平广记》中引用《萧史传》，提到秦穆公的女儿名叫弄玉，善于吹笙，在她吹奏“凤凰鸣”的曲子时，有少年骑彩凤翩然而落，其名萧史，乃为神仙，善于吹箫，一曲可引来彩云，二曲有赤龙飞舞，三曲有凤凰和鸣，两人情投意合，秦穆公遂把女儿嫁给萧史，后在萧史的悉心指导下，弄玉修成仙女，萧史乘龙，弄玉跨凤，双双离去。

①庞进：《凤图腾》，中国和平出版社，2006 年，第 74 页。

②（汉）司马迁：《史记·秦本纪》，中华书局，1972 年，第 173 页。

楚国人崇拜凤凰的历史比较长，祝融、羲和都被认为是楚人的先祖，民间还有一句俗语：“天上九头鸟，地上湖北佬”，“九头鸟”又称“九凤”，意指凤凰。楚文化遗存中大量存在的“凤鸟”形象和“人首鸟身”的图案表明，楚人对凤凰的崇拜源于对鸟的崇拜，楚人对凤的崇拜超过了当时世界上其他任何民族，而且先秦时期，以凤喻人的唯有楚人。《史记》中记载庄王把自己比作一只凤鸟，体现了他超凡的胆识、勇敢的气魄、远大的抱负和浪漫的气质。庄子《逍遥游》中描述鹏“背若泰山，翼若垂天之云，抟扶摇羊角而上者九万里，绝云气，负青天”，鹏意指大凤，其硕大伟岸，气势宏大，蕴含着无穷的力量。从楚国的文献看，屈原关于凤鸟的表述同玄鸟一致，《离骚》中写道“吾令凤鸟飞腾兮，继之以日夜。飘风屯其相离兮，帅云霓而来御”，[1] 来表明自己不辞劳苦和坚定的理想以及忠贞爱国的思想；《九章·怀沙》中有“凤皇在笯兮，鸡鹜翔舞”，[2] 屈原以凤凰自喻，表明自己的清正高洁和坚贞不屈，并以鸡鹜来比喻奸佞小人，逆臣当道。并称：“鸾鸟凤皇，日以远兮。燕雀乌鹊，巢堂坛兮。”[3] 屈原是楚国的祭司，其言论的可信性较高，加上凤鸟是楚国的图腾，在祭文里将两者画等号应该是很严肃的事情。并且有学者研究表明，楚国的祖先是东夷人，东夷的图腾为玄鸟，楚国的图腾也应该是玄鸟，即凤鸟。在信巫重祀的楚国，凤鸟作为主要的祭祀对象在诸多领域都有出现，尤其是作为凡间与阴间或现世与来世的使者出现较多。“魂乎归来！凤凰翔只”，[4]“曼泽怡面，血气盛只。永宜厥身，保寿命只。室家盈廷，爵禄盛只”，[5] 凤凰在两界的迎来送往成了祭司招魂的祭拜对象，希望凤凰可以将去往阴间的魂魄接回阳间。从楚地的出土文物来看，大量的陪葬品和棺椁上都绘有凤鸟的图案，此时的凤鸟大多以图腾和祭祀对象的面貌出现，表明凤鸟的贵族属性，民间禁止使用，是一种皇

①《楚辞》，林家骊译注，中华书局，2015 年，第 19 页。

②《楚辞》，林家骊译注，中华书局，2015 年，第 136 页。

③《楚辞》，林家骊译注，中华书局，2015 年，第 119 页。

④《楚辞》，林家骊译注，中华书局，2015 年，第 235 页。

⑤《楚辞》，林家骊译注，中华书局，2015 年，第 237 页。

权的象征。

由上可知，凤凰崇拜与祖先崇拜密切相关，凤鸟的诞生形成了部族，产生商、秦，因而凤成为商之祖、秦之祖。也有的祖先具有神奇的威力，在部族中具有极高的声望，因而与凤融为一体，使祖先的神力得到合法性的解释，将凤和祖先都看作是神力的化身而加以崇拜。无论是对祖先的崇拜还是对凤的崇拜都是人对自我的认识与表达，通过崇拜来寄予人们繁衍子嗣、征服自然、长久共存的愿望。

第四节　凤与传统信仰

先民对凤的崇拜与传统信仰和宗教不无关系，卡西尔在他的《人论》中提到，在神话和宗教信仰的时代，原始人把自然万物看作生命的一体化，人是整个自然生命链上的一环，人类并不处于一个独一无二的特权地位上，相反，人与植物，与其他动物一样比肩而立。因而，人们会有原始的自然崇拜、图腾崇拜。崇拜的对象具有超越自然法则的“神秘力量”，这种神秘力量或者“灵物”是以所崇拜的对象为载体，达到掌控自然万物的目的。此外，生命具有不间断的统一性的特征，众多生命体构成不间断的链条，新的生命会有上一代生命遗存的印记，因而生命是一个生生不息的不断传承和衍化的过程。“原始民族把生命的无限延长——不朽——认为是一件当然的事情，死亡的观念只有在稍后才被带着怀疑地接受。”[①] 作为观念的灵魂的产生与生产工具的产生具有同等重要的作用，工具的产生使人类脱离完全受制于自然的状态，有了征服自然的欲望，在与自然不断地斗争中来显现人主体的本质力量。作为观念的灵魂的产生，使人类开始有了自我意识，因为生命体是统一的、不间断的，人们相信肉体可以消失但灵魂不灭，并相信“万物

①［奥］弗洛伊德：《图腾与禁忌》，杨庸一译，中国民间文艺出版社，1986 年，第 115 页。

有灵”，灵魂可以获得永生长存，因而便产生了一种原始信仰，这种原始信仰实际上来源于人们超自然的认识，人们努力打破鬼门关而继续存在。另一方面，由于共同信仰的存在可以使人们摆脱对未知事物的恐惧与焦虑，使人能支配命运，克服人生的苦难；信仰也会成为群体之间的一种约束力，是行为举止的一种规范，使社会契约公开化，从而有利于群体之间的约束与团结，信仰使人类的生活和日常行为神圣化，进而变成一种强有力的社会控制。凤崇拜、凤信仰也是如此，在道教信仰、佛教思想和儒家观念的综合熏染下，在中国民间长盛不衰。

一、凤与道教信仰

凤与道教的关系，首先体现在道教对四灵的崇拜上。关于四灵，在战国时期已有记载，当时称为“四神”，人们观测星象以判断天时，便在四方组成东青龙、西白虎、南朱雀、北玄武，用来表示方位。汉代时，四神不再仅仅是方位、地域的象征，而具有了更多的神性色彩。有学者认为，四神的神性色彩的赋予与道教相关。从汉代开始，“四灵”的思想就广为盛行，道教兴起后，四灵成为道教的守护神，在宋代以后，成为道教的尊神。四神瓦当在西汉极为流行，纹饰生动华美，当时的人们认为将其用在建筑上能驱邪避恶，因此被当作镇宅之宝。与之相关的四神纹也广泛应用于陶具、铜镜等多种工艺品上。可以说在道教的影响之下，四灵或者四神，已成为一种武力、神性的象征。四神当中的朱雀也被称为“朱鸟”，有史料记载其形体似凤凰，火属性，方位在南方，因而在中国古老神话中是南方之神。明代李时珍在《本草纲目》中说：“凤，南方朱鸟也。”可见，凤凰、朱雀、朱鸟实际上指的是同一种神鸟。四灵都是神物，凤与朱雀也都是人们幻想的产物。

此外，与道教相关的人物九天玄女，在道教信仰中具有较为重要的位置。玄女的原始形象是玄鸟，玄鸟亦为凤，其神力无所不通，其外在形象无所不类，在道教神话中，被奉为高阶女仙、术数大神。

西王母原是古代神话传说中掌管生死的女神，在道教神话中被尊为女仙的首领，西王母之所以成为人们尊崇信仰的对象，是因为她有不死之药，能长生不老，这是人们的美好愿望，与道家得道成仙的思想相契合。西王母最初的形象可见于《山海经》中的记载“其状如人，豹尾虎齿而善啸，蓬发戴胜，是司天之厉及五残”，[1]从原始的凤形象来讲，凤的标志性特征即是“戴胜”，郭璞认为“胜”乃“玉胜也”，神话学家袁珂认为，“胜”是女性头上戴的一种玉饰，玉的高洁与凤好洁的神性相似。“戴胜”是原始时期巫师的标志性装扮之一，暗示着他与其他人完全不同的神性身份，而在凤这里指的是头顶上的羽冠。西王母最初“蓬发戴胜”的模样与凤相关。此外，在道教中，西王母的坐骑为凤凰。在敦煌壁画中西王母乘坐凤车，四周还有四灵等众神守护。

①陈成：《山海经译注》，上海古籍出版社，2012年，第49页。

关于凤与道教的关系还体现在得道成仙的信仰上，凤是成仙的工具，是招魂升仙的神物。汉代人下葬的时候，为了使墓主人不受到鬼怪的侵扰，会在墓门处放置镇墓兽。汉墓的墙壁上面多有仙境的画像，这是表达人们想要死后升仙的愿望，并且人们相信凤凰可以帮助人升仙，所以凤凰就是这些象征符号当中十分重要的一种符号，其他的符号还有伏羲与女娲、东王公与西王母、黄帝、羽人等。

二、凤与佛教思想

佛教大致是东汉时期传入我国的，到魏晋南北朝时期较为盛行，凤与佛教的关系主要体现在凤纹与佛教的纹饰相结合的图案上。莲花原本圣洁，“出淤泥而不染，濯清涟而不妖”，因而经常出现在与佛教相关的事物上，表示“净土”“纯洁”，有着吉祥如意的内涵。后来，莲花纹广泛应用于陶器、服饰、铜镜等日常用品之中。莲花的纯洁与凤尚洁的神性有相通之处，所以在一些工艺品中有凤莲纹织锦，将莲花纹与凤纹相结合。

除了莲花纹，忍冬纹也是佛教的一种纹饰，东汉末期开始出现，在魏晋南北朝时期较为盛行。忍冬即为金银花，如同它的名字一般，即便冬天也不会失去生命，这种特性与佛教所宣扬的灵魂不灭、永世轮回有相似之处，同时还有益寿的含义，据《本草纲目》中所记，忍冬“久服轻身”，能起到延年益寿的功效。因而忍冬纹在佛教中广泛应用，并在雕刻、绘画中成为主要的纹饰。典型的器物就是故宫博物院收藏的北朝青釉刻花忍冬纹单柄壶，其纹样有莲瓣，在两层莲瓣之间刻有忍冬纹，层次清晰，线条舒畅，是北朝时期青瓷的代表性作品。还有忍冬纹瓦当，属于北魏文物，收藏于洛阳龙门博物馆。到了隋唐以后，忍冬纹的变化多种多样，演化成复杂的卷草，近代称香草，形成卷草纹或者卷叶纹。凤与忍冬纹结合是自然而然的事情，西魏的凤凰忍冬纹是典型代表之一。

此外，“凤凰涅槃”“浴火重生”的思想可能与佛教相关，涅槃是佛教用语，代表“死亡”，而佛教所信奉的苦修与永生和凤凰浴火重生有相似之处。有很多与之相关的神话传说表明凤凰的牺牲精神，在熊熊烈火中自焚，而获得永世的光明与太平。

三、儒家崇凤观念

儒教尊孔子为先师，在三大教中居于重要地位，儒教拥戴神权，提倡君主至上，因而被历代统治者奉为国教。儒教以孔子创立的儒家思想为最高信仰，儒学被视为官学，并成为一种官方的指导思想。儒教发源于尧舜禹的“五教”，包括“父义”“母慈”“兄友”“弟恭”“子孝”，此五教乃是处理家庭伦理关系的五种规范，后来孟子在此基础上提出“父子有亲”“君臣有义”“夫妇有别”“长幼有序”“朋友有信”五种人际关系标准。《山海经·南次三经》中记载：“又东五百里，曰丹穴之山，其上多金玉。丹水出焉，而南流注于渤海。有鸟焉，其状如鸡，五采而文，名曰凤皇，首文曰德，翼文曰义，背文曰礼，膺文曰仁，腹文曰信。是鸟也，饮食自然，自歌自舞，见则天下安宁。”[①] 凤代表德、义、礼、仁、信，凤的出现表明天下将会安宁太平。而儒家所提倡的仁、义、礼、智、信也是治国思想，并认为只要人人遵守社会规范，履行道德标准，天下便会吉祥太平，因而儒家思想很有可能借助人们对凤凰的崇拜而达到一种社会民俗控制的目的。

①陈成：《山海经译注》，上海古籍出版社，2012年，第18页。

《说文解字》：“夷，平也。从大从弓。东方之人也。”段玉裁注云：“维东夷从大，大，人也。夷俗仁，仁者寿，有君子不死之国。”[②]“夷”是由“大”和“弓”构成，说明东夷人发明了弓箭而善于狩猎，而且东夷人讲求“仁德”。由前面部分的内容可知，少昊是东夷族的首领，少昊出生时有五彩凤凰而至，而且其部族以凤鸟为图腾，因而东夷族是崇拜凤凰的。而且少昊在担任首领期间以“仁”治国，天下太平。孔子为实现其治国理想，便提出以“仁”为核心，认为只有施行仁政，有仁君仁德，才能造福百姓，维护国家长治久安，实现“凤凰出而天下治”的美好愿景。

②（清）段玉裁：《说文解字注》，上海古籍出版社，1982年，第493页。

为推行其学说，在以“仁”为思想内核的基础之上，孔子提出“比德”说的自然美学观念，“君子比德于玉焉”，“温润而泽，仁也”，将玉与君子的德行相比，如果玉温润而有光泽，则说明君子具有仁德之心。《说文解字》中也认为玉有五德：“润泽以温，仁之方也；䚡理自外，可以知中，义之方也；其声舒扬，专以远闻，智之方也；不挠而折，勇之方也；

锐廉而不忮，洁之方也。”[①] 凤和玉一样，都是美德的显现与标志，楚辞中屈原以凤自喻，实则是表现自己的君子德行。楚国人无论男性还是女性，都喜欢佩戴玉饰，其衣服上的花纹多为凤纹，以展现自己谦谦君子抑或温婉如玉的形象。因而无论是凤还是玉，都是仁德的体现，都是孔子所信奉和提倡的。此外，孔子曰：“凤兮，凤兮，何德之衰！往者不可谏兮，来者犹可追也！”孔子把凤鸟看作圣人，并认为“凤鸟不至，河不出图，吾已矣夫！”[②] 因而在孔子思想体系下形成的儒教与崇凤观念息息相关。

①（清）段玉裁：《说文解字注》，上海古籍出版社，1982 年，第 10 页。

②杨伯峻：《论语译注》，中华书局，1980 年，第 89 页。

先秦时期儒家和诸子百家一样，只是众多学派当中的一种。儒教的正统地位从汉武帝的“罢黜百家，独尊儒术”开始，儒家思想强调大一统、强调“君为臣纲、父为子纲、夫为妻纲”的三纲五常。汉朝在汉武帝之前，都是以道家作为统治思想，汉代董仲舒吸收了道家和法家的思想，对儒家思想进行改造，提出了“君权神授”。于是凤凰成为儒家用来粉饰太平盛世、维护政治稳定的工具。也是在这时，凤文化、凤崇拜与儒教充分融合，成为维护政治统治的一种手段和途径。

汉代凤可以与儒教相融合，除了儒教本身所崇尚的仁、义、礼、智、信治国思想与凤的文化特质相通以外，汉代人具有强烈的天命观也是其重要的原因。人们相信祥瑞是上天的启示，是对仁德君主的奖励，他们相信福、祸都是由上天判定的，它是国家兴盛或者衰亡的重要标志。汉朝在谶纬大盛的同时，还借助人们对凤凰的崇拜和凤的神性特质来加强君权统治，巩固政权。

第三章

百鸟朝凤：凤与民俗生活

民俗，即民间风俗的简称。它因人类社会生产生活的需要而产生，伴随着人类的起源而出现，是一个国家或一个民族文化特质的外在表现。民俗作为一种民间传承文化、生活文化，深深根植于人类生活的这片土壤，是人们日常生活中必不可少的重要组成部分，与人们的衣食住用密不可分。[1] 凤，作为传说中的百鸟之王，集聚了众禽鸟所具有的全部特征，汲取了中华民族优秀灿烂文化的精华，经过岁月的洗礼与沉淀，已成为中华民族的伟大象征。人们对凤的崇拜热情随着对其深入了解而越发高涨，其内涵也随之不断丰富和发展，并逐渐演化为一种渗透到中国民众日常生活方方面面的意识形态。

①钟敬文：《民俗学概论》，上海文艺出版社，2012 年，第 4 页。

历朝历代精美绝伦的凤纹纹样，不仅有着深远持久的影响力，而且充分展现了每个民族的特色和风格。王大有认为：新石器时代之后，由火、太阳和各种鸟重新联合而成的“凤”逐渐成为氏族的图腾、部落的标识。[2] 凤纹纹样是历代先民按照自己的审美理念，以平日常见的特定鸟类为原型，概括归纳其他鸟兽的某些部分，将想象与现实相结合所塑造的综合性纹样的统称，是历朝思想文化、观念形态的总体表征。它作为一种观念形态，广泛影响着民众的衣食住用。

②王大有：《龙凤文化渊源》，北京工艺美术出版社，1998 年，第 10 页。

第一节　民族服饰中的凤纹样

服饰，除了可以解决人们最基本的生活需要之外，还见证了文明的发展与进步，同时在人类文化构成中占据重要地位。纵观古越人纹于身的龙凤纹纹样到如今形式各异的服饰上的龙凤纹纹样，无不发现这些纹样随着历史的发展与变迁而变化无数。它们将不同时代的生活价值与审美理念完美结合，同时也记录了人类从蒙昧时代向文明进化的轨迹。

纵观中国传统服饰中的常用典型纹饰，承载了中国优秀传统文化元素的凤纹纹样无疑首屈一指。[①] 龙一直是高高在上的皇权的象征，与龙有所不同，凤的形象与人们的生活更加密切相关：《尚书》中的“凤皇来仪”，《诗经》中的“凤凰于飞”，《山海经》中的“五采而文”，《禽经》中作为国家祥瑞的“凤”，备受人们喜爱的“凤穿牡丹”刺绣，汉族、少数民族（如畲族）服饰中的“彩凤双飞”“丹凤朝阳”等。[②]

①沈从文：《中国古代服饰研究》，上海书店出版社，2005 年，第 1-3 页。

②陈栩、陈东生：《福建宁德霞浦地区畲族女性服饰图案探议》，《纺织学报》2009 年第 3 期。

一、凤纹样的演变

殷墟出土的玉人石像，其胸前的饕餮纹和蛇纹，与青铜风格大致相同，可以作为凤纹纹样在早期服饰中运用的例证。这一时期的凤，集神秘而又强大的自然力量与统治阶级权力于一身。在保留优秀传统文化的基础之上，聪慧的中国人在形色各异的服饰中塑造了不同的“凤”造型，发展成为代代相传的服饰文化。

图腾时期，凤集无所不能的超自然力量于一身，具有浓厚的神秘感，多以纹身形式体现在早期的衣体装饰上，线条简单粗犷，形态轻盈中略带稚气。

春秋战国时期，周王室衰微，礼崩乐坏，纺织成为各诸侯国富国强邦的重要行业，丝绸织造十分精美，服饰文化呈现出一派绚丽多姿的景象。1982 年湖北荆州马山一号墓出土战国刺绣品 21 件，大多数为完整的衣衾，绣线以金黄和深褐色为主，还配有棕色、红棕色、黄绿色和灰色，刺绣纹样丰富多彩，凤鸟纹样以不同的姿态屡屡出现，或昂首鸣叫，或展翅飞翔，或在花草枝蔓间穿梭，既典雅大方又神韵十足，是当时凤艺术的集中表现。对凤对龙纹浅黄绢面衾（图 3—1）是其中最大的一件绣品，纹样由八组左右对称、姿势各异的龙凤纹构成，龙飞凤舞，生机盎然。

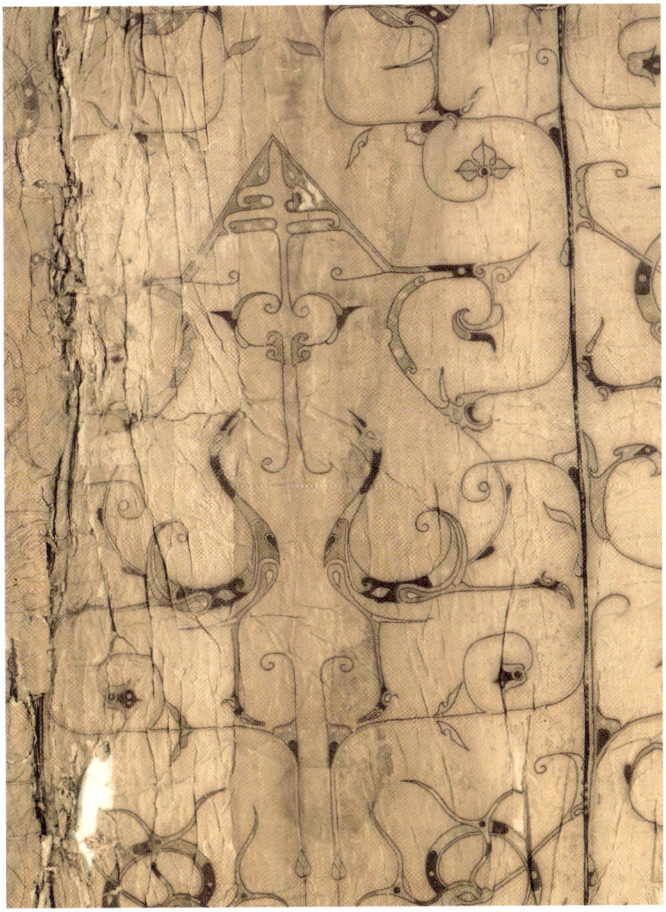

图 3—1　对凤对龙纹浅黄绢面衾（局部图）

此外，还有蟠龙飞凤纹绣浅黄绢面衾（图 3—2）、凤鸟花卉纹绣浅黄绢面绵袍（图 3—3）、凤鸟花卉纹硃红绢面锦袴（图 3—4）、龙凤虎纹绣罗单衣（图 3—5）等。

图 3—2　蟠龙飞凤纹绣浅黄绢面衾（局部图）

图 3—3　凤鸟花卉纹绣浅黄绢面绵袍

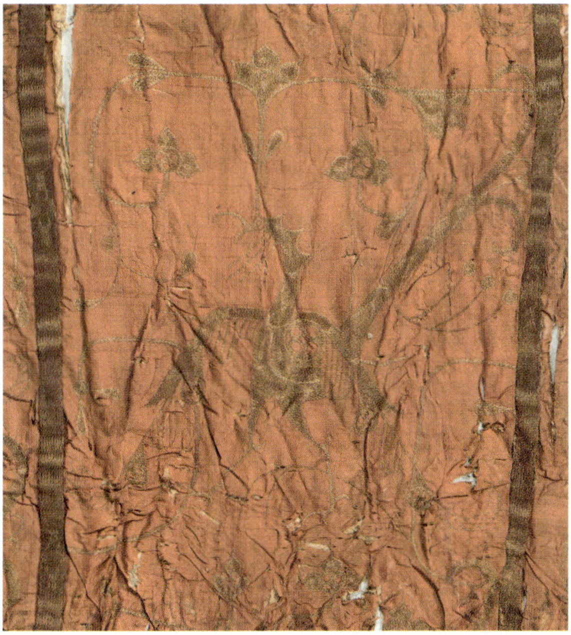

图 3—4　凤鸟花卉纹硃红绢面锦袴（局部图）

图 3—5　龙凤虎纹绣罗单衣

秦人将崇拜的鸟作为自己的图腾，因而宫中的嫔妃都插凤钗。汉代时期，百鸟之王的凤是帝后的象征，皇太后以及皇后所戴的冠饰主要是凤凰的造型。依据形态万千的装饰物，汉代的凤纹造型异彩纷呈，简单而浑厚的形式充分展现出形象的大方。思想文化异常活跃的魏晋南北朝时期的凤，其纹样在汉代凤纹纹样的基础上进一步发展，多为自由飞翔在百花丛中的潇洒造型。

唐代是凤纹转型的关键期，上至皇帝下至平民，凤纹在服饰装饰中占很大比例。[①] 此时的凤纹纹样更加注重细节上的刻画，造型更加鸟体化，多为站立昂视姿态，羽翼层次更加丰富，飘带状尾羽细化为花叶状；内容上更富于生活的情趣，与“百花之王”的牡丹结合形成“凤戏牡丹”，与连珠纹、卷云和花卉纹形成复合团凤纹，呈现出唐代凤鸟纹所独具的健壮丰满。[②] 唐代刺绣中的凤纹最为绮丽多姿：头部的冠形似鸡冠，

①许晓东：《佛教对辽代工艺的影响》，《故宫博物院院刊》2001 年第 2 期。

②王乐，赵丰：《敦煌丝绸中的团窠图案》，《丝绸》2009 年第 1 期。

眼睛圆圆犹如人眼，眼睛下面的羽毛飞向头后，嘴巴宛如鹰嘴，颈部细长弯曲，腹部与鸡腹相仿，颈部和腹部颜色相同，好像人工堆砌而成的羽翼，层次分明，尖锐锋利的凤爪状如鹰爪，一只脚腾空而起，另一只脚踏于花形蒲团之上，做展翅欲飞状，栩栩如生，趣味无穷。①

①胡秋萍：《服饰凤纹研究及其在现代服饰设计中的应用》，江南大学硕士学位论文，2010 年。

唐代服饰纹样是自由浪漫的代表，宋代的服饰纹样是审美理想的代表。花鸟画在宋代获得空前发展，因而其服饰的纹样设计自然而然受到花鸟画的影响，大多数情况下，服饰图案主要由折枝花、串枝花及鸟纹组成。而此时的凤纹纹样多以鸾凤的形式出现，凤的尾羽呈火焰状，鸾凤的尾羽呈卷草形，线条细腻柔软，凤的体形纤细、身材比例协调、姿态活泼轻盈。

据文献记载，最早的凤袍出现在辽代，此时的凤纹纹样中的凤尾沿袭了唐代的花叶形尾造型，已完成“朱雀期”到“凤凰期”的转变。辽代的服饰中运用了众多的凤纹纹样，凤纹纹样的运用在当时已经远远超过了龙纹纹样。装饰品中也大量留有凤纹的足迹，陈国公主墓以及其他墓葬中所出土的银冠、耳环、银钗、银缨罩等众多饰品都大量运用了凤纹纹样。

元代的服饰纹样多为凤凰期凤纹的形态，有的仰颈长鸣，有的展翅高飞，凤尾或为五条锯齿带状，或为卷云弧线。以凤纹为装饰的饰品、帽饰在元代也有相关记载，并且多为光彩熠熠的金饰，如冠宝顶金凤钹笠、冠金凤顶漆纱冠、凤翅金花幞头、金凤翅兜鍪、冠凤翅缕金帽等。②

②黄雪寅：《13—14 世纪蒙古族衣冠服饰的图案艺术》，《内蒙古文物考古》1999 年第 2 期。

明清时期进入封建社会后期，受经济发展的影响，人们在审美和需求方面都提出了更高的要求。和以往每个时期一样，统治者都需要采取不同的手段巩固自己的政权，这一时期统治者将政权巩固的手段转移到了凤身上。从宫廷到民间，从皇室贵族到普通百姓，掀起了一股崇凤的热潮。凤纹造型根据流行的画凤口诀逐渐趋于固定，口诀是工匠们根据工作经验总结出来的：长眼睛、长腿、长尾巴，冠似如意、首如锦鸡、喙如鹦鹉、翅像大鹏、足若仙鹤、羽似孔雀、身如鸳鸯、体呈五彩。[1]布局讲究排序有致，丝羽分明，头部更像生活中的鸡冠，颈部和脚部越发纤细，腹部和尾羽之间有环状羽毛，凤翅相比之前更显宽大，凤尾呈飘带状或孔雀羽状，表现形式丰富多样，云凤、花凤、草凤、团凤、夔凤等应有尽有，并且传统的“百鸟朝凤”与新兴的“双凤捧寿”等丰富的组合题材并存。[2]

明清时期的凤纹纹样虽然保留了宋元时期的秀逸灵动，但更加强调纹样的精致细腻、装饰的绮丽标致、图案寓意的祥瑞美好。服饰中除了显而易见的部位之外，衣领、袖口上常常绣有精致的凤纹纹样，既寓意吉祥美好，也增加服饰美感。晚清时期，凤纹纹样在服饰中的运用极为盛行。

唐宋以前，尊至皇帝、卑至征夫的服饰中都可以看见形态各异的凤纹纹样。明清后，凤纹纹样作为一种阶级标识，在皇太后、皇后和皇妃等服饰中常见，画风和绣工纤细工整，制作工艺也更加复杂，对颜色、款式、数量等有确切规定，形成皇室女性的等级序列。因此，仅仅根据服饰的纹样，就可以辨认这个人的身份地位。明代身份地位尊贵的皇后的礼服冠——九龙四凤冠，是在宋代的龙凤花钗冠基础上加以改良而成，九条龙与四只凤，嘴中都含着由珍珠宝石制作而成的珠滴，常服冠上也有两只珠翠凤凰，而普通命妇的礼服冠上不能缀有龙凤，只能用珠翟、花钗等进行装饰；皇后的常服是双凤翔龙冠配真红大袖衣，衣上加织绣龙凤、花、云、石等纹样的霞帔，装饰物的多少依据时期、场合和等级来决定。而寻常命妇平常所戴的彩冠（也可称其为凤冠），用缀珠翟、花钗等进行装饰，不允许用龙和凤进行装饰。只有贵族命妇才能享有龙凤翟的冠服，但在古代有一种“摄盛”制度，平民百姓在结婚时可以穿用末等命妇之服。在此期间，凤纹纹样在服饰中的运用得到了

①濮安国：《中国传统艺术》，中国轻工业出版社，2000 年，第 33 页。

②胡秋萍：《服饰凤纹研究和其在现代礼服设计中的应用》，江南大学硕士学位论文，2010 年。

进一步的发展，色彩缤纷、金碧辉煌的明代凤纹纹样，在人们的记忆中打上了深深的烙印，成为现代凤纹延续的根源。[①]

①北京故宫博物院：《清代后妃首饰》，紫禁城出版社，1992年，第19—34页。

历经沧海桑田，凤纹纹样在中华大地上久经不衰，紧跟时代的步伐，不断创造新的艺术形式。之前凤纹纹样是皇家所独有的，现如今随着生活水平质量的提升，人们的审美观发生了巨大的变化，更加注重生活的品质。凤代表的驱邪、纳福的传统寓意一直扎根于人们心中，营造出浓郁的中国式喜庆氛围。凤纹除了在中国的传统节日新年、其他节日庆典以及当下的中式婚礼礼服中常用外，日常服装中也屡见不鲜，比如衬衫、牛仔裤等，色彩的运用、凤纹图案没有严格的限制，具有充足的自由性与装饰性。

举办传统的中式婚礼已成为当下中国人结婚的一种趋势，寓意为有头有尾的龙凤鸳鸯褂配龙凤长裙，其纹样多以明清凤纹为主，面料多为织锦缎，传统的刺绣工艺加之现代的钉珠工艺，既富有传统意蕴又不失时代感，鲜艳亮丽的红色加之黄色显得分外喜庆，流淌出独特的东方韵味，同时也是人们对未来美好情感的一种寄托。中国凤纹纹样也早已借礼服走向国际舞台，2010年戛纳电影艺术节，好莱坞女演员凯特·布兰切特身着一身黑色银凤长裙。过去服饰中的龙凤纹样更多地象征着权力与地位，现在服饰中的龙凤纹样更多的是优秀民族文化的体现、伟大民族精神的升华。[②]

②郑连军：《凤纹的演化特征和应用研究》，江南大学硕士学位论文，2008年。

不同时期服饰中的凤纹纹样都有自己的独特魅力，人们对其所蕴含的文化内涵可能会感到些许生疏，然而服饰中的凤纹纹样象征着人们对婚姻、爱情和事业的美好愿望，这点仍为现代人所倾心仰慕。这些寓意使得服饰中凤纹纹样的文化内涵更加丰富：龙凤呈祥寓意喜庆吉祥、婚姻幸福；百鸟朝凤寓意兴旺发达；鸾凤和鸣寓意夫妻生活和美；丹凤朝阳寓意光明幸福；凤凰涅槃寓意重生振兴。

二、多彩民族凤装

服饰文化是民族文化的缩影，是传统文化中的主要构成元素之一。从战国时代开始，历经秦、汉、唐、宋、元直至明、清，凤纹纹样一直是我国传统服装中的经典，其形态和特色随着时代的变更而不同。下面以海派龙凤旗袍、畲族凤凰装、湘西银凤冠三个案例来领略丰富多彩的民族凤装。

（一）海派龙凤旗袍

旗袍源于清代旗女之袍，直到清末民初，仍带有鲜明的京派文化色彩。20 世纪 20 年代，在开放创新、兼容并蓄的海派文化浸染下，海派旗袍应运而生，将传统的贵族旗女袍服演变为平民化的女性时装。

海派旗袍与中国妇女传统服饰的保守拘谨、线条平直、宽衣博袖不同，吸取了欧美流行时装的元素，将旗袍缩短长度，收紧腰身，用合体适度的款式，“中西合璧”改良式旗袍第一次把东方女性的曼妙身材展示出来。旗袍中最具代表性的就是龙凤旗袍，用手工镂雕出龙凤、如意、蝙蝠、花卉等图案，然后一针一线贴缝在旗袍的领子、门襟等处，这些繁复的工艺使其成为艺术品。

龙凤旗袍的制作技艺中最具代表性的是流传至今的“镶、嵌、滚、宕、镂、雕、盘、绣”八大工艺，它是海派旗袍制作技艺的代表，是中国传统服饰工艺的精华之一。1956 年，“朱顺兴”“范永兴”“钱立昌”“阎凤记”和“美昌”合并成立的龙凤旗袍店正式开业，历经时代变迁与风雨洗礼，经久不衰，在 20 世纪 90 年代被评为中华老字号。2011 年，龙凤旗袍制作技艺入选国家级非物质文化遗产名录。

（二）畲族凤凰装

畲族是我国南方的一个游耕民族，宗族头人是领导者，以村社组织为单位。[1]畲族人世代提倡自由和平等，特别讲究宗族血缘关系，久而久之形成了团结和睦、自由平等的社会风气，“山哈、山哈，不是亲房就是叔伯”正是此风气的真实写照。在社会文化方面，畲族人对凤的崇拜带有较多的图腾观念，并且始终贯通于畲族的发展之中，渗入畲族人生活的方方面面。由于畲族只有自己的民族语言，没有相应的文字符号，所以畲族独特的凤文化以服饰为载体在祖居“凤凰山”上熠熠生辉，在民族文化的长河中独树一帜。

①李健民：《畲族民俗信仰的道教色彩》，《中南民族学院学报（哲学社会科学版）》1996年第5期。

畲族凤凰装以及凤凰装上遍布各处的凤纹纹样，都包含着深厚的图腾文化意义，留有显著的图腾崇拜踪迹：结婚时头上所戴的凤冠是“凤凰装”中最独特的部分，象征着凤凰的头冠。传说，高辛帝把它作为护身物送给了被尊为凤凰化身的三公主[2]，因此凤冠是畲族妇女最重要的饰品，同时也是民族认同感的重要标志之一；红线扎的高头髻，象征着凤髻；整套衣服从头至尾的五彩纹样，象征着凤的头颈、腰身和翎毛；腰间的围兜，象征着凤的腹部；裤腿的绑腿与花鞋，象征着凤的脚爪；围裙上系的彩带，象征着凤的尾巴；凤冠上的银帘、胸前的银制扁扣和身上佩戴的各种银饰，随走路发出的清脆悦耳之音，象征着凤在鸣唱。在传统婚礼仪式和祭祖仪式中，畲族有一个“男跪女不跪”的规定，他们一致认为，身着绣有凤凰图案的“凤凰装”、头戴“凤冠”的新娘是身份尊贵的民族母系始祖“三公主”的化身，只需行作揖礼即可。畲族阿妹穿的传统服饰都可以称为“凤凰装”，在款式、色彩和纹饰上都没有体现等级象征，只有年龄和地区的不同。有着抽象奇特的仿凤造型的“凤凰装”以及简练质朴、自由丰富的凤纹纹样，不仅是畲族传统服饰特色以及民族独特审美情趣的体现，也是畲族自由平等观念的体现，更是畲族历史久远的、特有的女性崇拜文化的体现。

②郭志超：《畲族文化述论》，中国社会科学出版社，2009年，第35页。

（三）湘西银凤冠

银凤冠是湘西苗族妇女最具魅力的配饰，同时也是身份的象征，一般在婚礼、赶花场或者重大节日等正式场合中由成年且未出嫁的女性佩戴。银凤冠分为三个部分，帽顶是张翅欲飞的凤鸟，中间的帽围一般是蝴蝶、花、鸟的图案，下段的帽檐主要是银铃铛。2006 年 5 月 20 日，湖南省凤凰县苗族银饰锻造技艺被国务院列入首批国家级非物质文化遗产名录。关于银凤冠的佩戴，苗族有一个神秘而古老的传说：在楚国濒临灭绝之际，有一支从宫中出逃的熊氏后代带走了大量的银饰，逃到了武陵山中并一直定居于此，就是现今的湘西山江苗族熊氏家族。作为楚国王室的后代，他们保留了佩戴银凤冠的传统，但是关于此传说，至今缺乏明晰的历史文献资料记载，其真实性还须进一步考证。从上面可以看出，银凤冠是苗族人民的代表性符号，寄托了人们的美好祈愿。苗族没有森严的政治等级制度，但是银饰是他们身份的象征。

第二节　民俗饮食中的凤文化

饮食文化是中华传统文化的载体之一，是中华民族独特思维方式和思想文化的积淀，反映出中华民族伟大的创造力。日常饮食中有很多与凤相关或者以凤命名的食物，这体现了人们对生活的美好期待和祝愿。

一、美味菜肴

《山海经》中有记载：“有鸟焉，其状如鸡，五采而文，名曰凤皇。”古人习惯把凤凰比作鸡，凤是鸡的文化转型，鸡是凤的世俗化身。很多日常饮食中的凤都与鸡有着一定的渊源，如俗称的凤爪其实就是鸡爪。

（一）武坚凤凰蛋

很多凤菜都有美丽的传说。武坚凤凰蛋是江都美食中飞出的一只金凤凰。相传明太祖朱元璋起事时遭遇兵败，逃到江都鲁陵乡（今武坚镇花庄村），饥肠辘辘的他突然发现几枚孵鸡蛋，立马叫人将鸡蛋煮了，吃时口味绝佳，吃后力气大增，因而摆脱了敌人的追击。古人将鸡称为凤凰，孵鸡蛋里的雏鸡已经成形或者半成形，欲出而又难出，因此将这种蛋取名为凤凰蛋。凤凰蛋制作及食用技艺较简单：将草鸡蛋炕孵十六天，取出凤凰蛋，洗净放入锅中，待蛋煮沸，将蛋取出并磕开一个小洞，蘸取椒盐，即可食用。椒盐可以去除腥味，提升食用时的口感。

（二）游龙戏凤

传说明代正德年间（1506—1521），武宗朱厚照微服私访，偶然进了梅龙镇的一个酒馆，顿时被店主李凤姐的美貌所倾倒。李凤姐见这位客官气宇非凡，亲自下厨烧制了一道鸡和鱼组合而成的菜。武宗问此菜何名，凤姐言“此菜无名，请客官给起一个”，武宗便起名“游龙戏凤”。两人互生好感、日久生情。最后，武宗的真实身份暴露，凤姐随武宗进宫，被封为妃。从那时起，“游龙戏凤”便为明朝宫廷的名菜，一直流传至今。现如今想品尝“游龙戏凤”这道菜已不再是一道难题，只是每个地方选用的材料有差异，烹饪方法也迥异。辽宁的“游龙戏凤”和北京的“游龙戏凤”分别以大连刺参和发水鱿鱼为龙，以笋鸡为凤。

（三）百鸟朝凤

清代宫廷有一道名菜——百鸟朝凤。据说，在慈禧太后寿宴到来之际，向来寂静的大报恩寺上空突然来了一群鸟，不断发出悦耳之音，这其实是后宫主管为了博得主子的欢心，派人从民间搜集众多宝贵名鸟，经过驯化之后形成的壮丽景观。

光绪皇帝听闻此事之后颇感奇妙，就下旨做一道“百鸟朝凤”的菜，作为慈禧太后六十六大寿的吉祥菜。御膳房一位经验丰富、手法娴熟的大厨，以鲜嫩的母鸡为“凤”，以鸽子蛋为“小鸟”，以香菇条和火腿条为“翅膀”，经过悉心地设计和摆盘之后，一只雍容华贵的凤凰昂首目视前方，被一群玲珑剔透的小鸟所包围，仿佛是真的一样，慈禧太后对此赞不绝口。从此以后，“百鸟朝凤”成为皇宫中不可缺少的一道菜，现在已逐渐成为湘菜的代表，有时也会用鸟形水饺代替周围的百鸟。

（四）龙凤呈祥

寓意吉祥幸福的龙凤呈祥，既是古代的吉祥图案，也是浙江省景宁县畲族的一道传统名菜，象征阖家幸福、平安如意。将童子鸡的内脏剖出并洗净，蛇切头去尾留中间，将留下的中间部分切成一块块相连的条状，将相连的蛇肉圈放在锅底，将整只鸡放在蛇肉圈上，周围摆放香菇、姜片等配料，加入味精、食盐等调味品，放入蒸笼旺火蒸一小时，随后加入三小杯老酒便可出菜。此菜色泽鲜美，芳香四溢。内蒙古对“龙凤呈祥”进行了一定的创新，将本地的特产黄河鲤鱼头尾干烧烹制放于鱼盘两端，将香酥鸡放于鱼盘中间，鱼肉烹制成宫保鱼丁、糟溜鱼片、香茄鱼条和馏豆腐，分别对称摆成鱼形，吃起来口味鲜香，质地酥软。还有的地方将火龙果从中间切开，将果肉挖出切成丁块，将食性温和的虾球、果味清甜的火龙果丁、香浓的芒果丁、具有保健功效的秋葵块一起放入火龙果皮中，做成清甜可口、营养丰富、吉祥喜庆、老少皆宜的“龙凤呈祥”。

（五）凤戏牡丹

百鸟之王的凤与象征荣华富贵的牡丹，构成了凤戏牡丹、凤穿牡丹，寓意吉祥幸福、荣华永驻，现在成为餐厅菜单上的一道名菜。将鸡脯肉洗净切成磨刀片和盐、料酒、蛋清、玉米粉一起搅拌。将海蜇头洗净切成块，将黄瓜、香菇、火腿切成花形圆片，分别将这些材料下锅氽熟捞出。鸡片放入碗中，海蜇头放在鸡片中间，周围放上香菇片、火腿片和黄瓜片。锅中注入清汤，加料酒、食盐，煮沸后将其倒入碗中，一道“凤戏牡丹”大功告成。

（六）龙凤汤

历史悠久、影响广泛的鲁菜是中国饮食文化的重要构成要素之一，也是中国传统的四大菜系之一，凭借其风味独特、制作精致享誉世界。“鸳鸯戏水龙凤汤”是鲁菜中的一道名菜。海参和鸡脯肉均切成片下开水烫一下，同时加入玉兰片、冬菇和口蘑片。鸡蛋清打成蛋泡糊后加胡萝卜片为凤冠、冬瓜片为凤尾、蛋糕片为凤翅，做成鸳鸯的形状上笼蒸，蒸熟后取出。清汤内加入葱丝、味精、料酒烧开，之后放入鸡肉片，煮熟后放入汤盆中，最后把蒸好的“鸳鸯”放入汤中。造型美观逼真，工艺考究，咸酸辣俱全，大多用于传统高档宴席。闽菜系中的“龙凤汤”是一道色泽鲜亮、口味清淡、香气扑鼻的传统佳肴。制作时，取活鲤鱼为龙、鸡为凤，加入香菇、板栗、大枣、大蒜和其他配料进行蒸煮，熬制结束汤色微红、清澈见底，是一道上等的滋补药膳。福建武夷山“龙凤汤”稍加变化，以其特有的祁蛇（龙的象征），配以童子鸡（凤的象征），加入多味中药，煨煲而成，有“武夷菜系一绝”之誉。

当然，以凤命名的美食还有很多，如陕西乡土菜“凤鸣西都”、江苏“靖江扒凤腿”、无锡“龙凤包”等。

二、缤纷果品

我国水果品种丰富、缤纷多彩，有很多水果以“凤”来命名或者名称中含有“凤”字。

（一）凤梨

提及与凤相关的水果，首先浮现在脑海中的就是著名的热带水果——凤梨。关于名称的由来，《台湾府志》中曾有这样的阐述：凤梨表皮为橘黄色，皮薄、带刺，生长在叶丛之中，果肉呈黄色，甜中夹杂着微酸，顶端有一簇绿叶，形状好像凤尾，因而得名凤梨。[①] 凤梨原产地为南美洲的巴西，自哥伦布发现新大陆后传播到世界各个热带地区。凤梨是一种草本植物，植株矮小，分布在我国的广东、台湾、海南、福建、广西等地区。凤梨外形美观，汁多味甜，含有人类所需的维生素，营养价值丰富，具有增加肠胃蠕动、促进消化吸收、缓解身体炎症、增强人体免疫力的功效。

①（清）蒋毓英、高拱乾、范咸，等：《台湾府志三种》，中华书局，1985年。

（二）古凤荔枝

明代诗人董传策有首诗，“铁树婆娑落子红，方苞剥出水晶龙，炎荒正惹长卿喝，却啖琼浆半洗空”，诗中称颂的就是已有六百多年栽种历史的广西苍梧县的古凤荔枝，为古凤人祖先于明洪武九年（1376）从广东引入种植。[②] 古凤荔枝果大皮薄肉厚，肉质爽滑清甜，是荔枝中的优良品种，古称南方珍果。除了作为具有滋补功效的水果之外，还可制作成荔枝干、荔枝罐头、荔枝酥等。

②苍梧县志编纂委员会：《苍梧县志》，广西人民出版社，1997年，第179页。

（三）早凤王桃

遍布全国各地的早凤王桃，是水蜜桃中的一个优良品种，1987年由早凤桃芽培育而成，1995年被北京市科学技术委员会鉴定命名。早凤王桃生长期为七十五天，果实近似圆形稍扁，顶部微微下凹，呈粉红色，果实底部呈白色，果肉呈粉红色，甜而脆硬，芳香诱人。

以凤命名的水果品牌遍布全国的许多地方，还有重庆铜梁的“凤归牌”锦橙、福建安溪的“凤峰牌”桂圆、广东揭西凤江镇的“凤湖橄榄”等。

三、滋润药茶

药茶的兴起源于汉代，至今已有两千多年历史，经过众多医药学家和养生家的改良与推进，已成为人们保健养生与预防疾病的重要食材。很多药茶或名称中有凤，或与凤的传说有关。

（一）乌鸡白凤丸

谈起“凤药”，不得不提闻名遐迩的乌鸡白凤丸。这个处方最初来源于明朝的《普济方》。《寿世保元》对此处方进行修改完善后称之为“乌鸡丸”，后人称之为乌鸡白凤丸。乌鸡白凤丸由去毛爪肠的乌鸡、海金沙、香附、侧柏叶、熟地黄、当归、人参、白芍、浓朴、白术、川芎、羌活、防风、砂仁、粉草等药材混合而成，可以润肤养颜、滋补养血、调经止带、解郁止痛。类似的凤药还有余仁生白凤丸、白凤口服液、妇科凤嗉子液等。

（二）沅陵碣滩茶

“凤茶”的历史渊源要追溯到湖南沅陵的碣滩茶，此茶外形条索细紧，色泽绿润，香气持久，汤色透明，多次被评为“湖南省优质名茶”。茶因人贵，人取凤名。相传，唐睿宗的皇后胡凤姣从家乡沅陵胡家坪回京途中，夜里停泊在碣滩时，品尝了碣滩茶，顿时有一种不一样的感觉，茶香浓郁，味如甘霖，便将此茶带回京城。唐睿宗让大臣们品尝，无不交口称赞。从那之后，碣滩茶因胡凤姣被指定为朝廷贡茶，一时名扬天下。①

①庞进：《中国凤文化》，重庆出版社，2007年，第199页。

（三）普洱茶

普洱茶，主要产于云南省西双版纳和普洱地区，香气独特，味道浓郁，传说与凤凰有一定的关系。相传在盘古开天辟地以后，女娲开始造人，她用黄泥捏造了一对男女，又用剩余的泥土捏造了一对鸟，雄鸟取名叫凤，雌鸟取名叫凰，意欲让它们给人间带去吉祥。遵从女娲的旨意，凤凰变沧海为桑田，变荒芜为绿洲，人间被它们装扮得五彩斑斓。最后它们来到还是一片苍茫的西双版纳，振翅一挥，一座座高山拔地而起，海洋消失后留下了澜沧江，却引起了大火吞没了周围的村庄。玉帝发现后责令它们务必迅速扑灭这熊熊烈火。于是凤凰用泪水浇灭燃烧的火团，用翅膀奋力扑灭无情的大火，历经七七四十九天，一声声哀鸣换来了风神与雨神的相助，这场大火终于熄灭。风雨持续了九九八十一天，天晴后，天空挂满了祥云与彩虹，却再也寻不见凤凰的踪迹，只见凤凰倒下的地方化为玉龙雪山，一棵棵翠绿的茶树正在盎然生长。人们顿时明白，凤凰已升天离去，将幸福与美好留给了世人。它们为了造福人间，将茶树留给世人。人们对茶树照料、呵护有加，每年春天摘下最翠绿的嫩芽煮水，芬芳的茶香引来了远方的孔雀。孔雀听闻凤凰的壮举之后，每年都会回这里来朝拜凤凰。于是，每当风雨过后，西双版纳的天空都会挂满彩虹和祥云，那是凤凰留给世人最美好的祝愿。

（四）贵定云雾茶

贵定云雾茶，曾名“鸟王茶”“鱼钩茶”，因产于贵州省贵定县南部云雾镇云雾峰而得名，是贵定的文化品牌之一，是中国历史名茶绿茶中的上品，在唐以后成为朝廷贡茶，也是清朝八大名茶之一。1997年中国佛教协会会长赵朴初品尝后欣然题词为“佛茶”。此茶形如鱼钩，紧卷弯曲，背附一层细软白毛，茶汤碧绿，香气浓烈。此茶名称上没有凤，但与凤凰传说有关。传说云雾山的凤凰坡上到处都是茶树，有一对凤凰经常在茶树上驻足停歇，时而梳洗羽毛，时而窃窃私语，时而昂首鸣叫。清乾隆年间，朝廷每年都会向苗家索取贡茶，贡茶的数量每年都会增加，苗家百姓一年的辛苦都付诸东流，生活穷困潦倒。苗家百姓斗不过朝廷，气急之下，想将郁郁葱葱的茶林全部毁掉。大家商量好后，将滚烫的热水全部浇在茶树上，翠绿的茶园顿时一片焦黄。官员得知此事后大发雷霆，要抓村里的百姓严惩。团结一心的百姓临危不惧，最终县官只好答应上报朝廷免去贡茶。被烫伤的茶树逐渐变得枯萎，但还有些生命力顽强的茶树存活了下来。那对凤凰见此残局悲伤至极，边飞边哭，眼泪落在茶树上，过了不久，茶树又恢复了以往的郁郁葱葱，加上凤凰眼泪的灌溉，茶叶品质越发卓越。

（五）泸州凤羽茶

四川梅岭山的泸州凤羽茶，产于纳溪区花果镇绍坝岩上，因外形酷似凤凰的羽毛和美丽的传说得名，在唐宋时期被列为贡茶，享有“川南第一早茶”和“绿茶好，凤羽早”的美誉，2001 年获得第二届中国国际茶叶博览会金奖。泸州凤羽茶呈翠绿色，香气浓郁。相传很久以前，梅岭山山民的幸福快乐生活被突如其来的疫病所打破，人们被迫逃离家乡。正在此刻，乘坐凤凰坐骑的凤凰姑娘来到此地。她是一位天姑，有着高超精湛的法术，发现这种瘟疫是一种慢性病，就把自己制作的以茶为原材料的仙丹分发给山民。山民们服用之后，瘟疫退去，他们从此又过上幸福快乐的生活。为了纪念这位美丽善良的姑娘，人们把凤凰姑娘炼制的神丹妙药称为“凤羽茶”。

（六）凤凰单丛茶

凤凰单丛茶，原产于广东省潮州市潮安县凤凰镇凤凰山，是广东乌龙茶的代表性品种。据记载，南宋末代皇帝赵昺逃难时路过凤凰乌岽山，口渴难耐，疲惫至极，侍卫就随手在路边采了点茶叶烹制，赵昺饮后，顿时觉得满嘴生津，对此茶赞赏有加。从此，乌岽山就大面积种植这种外形像鷦鸟嘴的茶叶，称此茶为宋种或鷦嘴茶。凤凰单丛茶，外形条索粗壮，呈黄褐色，油润有光，带有朱砂红点，冲泡之后带有兰花香，浓醇干爽，润喉回甘。

以凤命名的茶还有湖北神农架的凤翅绞股蓝茶、云南的凤牌滇红功夫茶等。

第三节　民居建筑中的凤元素

晋王嘉《拾遗记》卷一中有云：“（炎帝）时有丹雀衔九穗禾，其坠地者，帝乃拾之，以植于田，食者老而不死。”[①] 史书中曾有人类因在烧焦的鸟的嗉囊中意外收获粮食而找到稻田的记载。原始社会自然灾害频发，弱小的人类不足以与之相抗衡，而空中的飞鸟则可以巧妙地躲避这些突如其来的灾难，原始人就将更多美好的想象赋予在鸟身上。基于古代先民对凤鸟图腾的崇拜，出现了象征吉祥的凤鸟纹，进而被运用在建筑构件的装饰之中，演化为一种独特的装饰艺术，在历史的长河中不断丰富和创新。[②]

①（晋）王嘉，等：《拾遗记》，王根林，等校点，上海古籍出版社，2012年。

②王森：《凤鸟纹瓦当造型艺术研究》，西安美术学院硕士学位论文，2013年。

一、凤纹瓦当

瓦当，是古建筑屋檐最前端的那一片瓦，俗称“筒头瓦”，能够最大限度地保护椽头不受雨水的侵蚀，是中国特有的文化艺术遗产。随着生产力的进一步提高、社会的进一步发展，原有的只具备基本实用功能的瓦当已不能满足人们的审美需求，因而人们在其表面增添了许多创新性的装饰题材，从而打造了绚丽多姿的瓦当纹样，其中经过高度提炼与概括的极富变化的凤鸟纹显得分外夺目。早在战国时期就已出现凤鸟纹瓦当的雏形，汉代时得到大规模应用，明清时期受到皇家建筑的青睐，对后世凤纹瓦当的发展具有重要影响。

河南洛阳东周王城遗址出土的朱雀纹半瓦当，是我国最早的具有凤鸟纹的瓦当，瓦当上面雕刻有朱雀的侧面轮廓。战国时期作为秦国封地的陕西是凤鸟纹瓦当出土最多的地方，当时的凤鸟纹瓦当多用侧面的夔凤纹来表现。战国早期的夔凤纹瓦当，头顶翎羽上扬，凤首低垂位于瓦当右方，尾部上扬双开，位于瓦当左方，身躯平展，线条粗大，造型简单。战国晚期的夔凤纹瓦当，鸟类特征鲜明，身体的各个部分均清晰地展现出来，颈部弯曲，造型由“符号化”向“形象化”转变。

秦汉时期，儒家的伦常之说与道家的道法自然交相辉映，反映儒家思想、又是四灵之一的凤在瓦当中得到大量应用。秦灭六国实现大一统，从家用器物到规模宏大的建筑宫殿，凤鸟纹样有着大量的多样化表现，这些凤鸟纹样明显留有战国时期夔凤纹的痕迹，但是它摆脱了抽象与神秘，逐步向豪放生动与多样化方向发展。秦瓦当中的凤鸟注重形象的具体刻画，一般是单独完整的图形，圆眼长喙，颈曲爪利；造型趋向写实，富有动感与生活的情趣，张开的双翼，延伸向上的凤尾，罕见的毛鳞状；姿态更自由，完全不受约束，或昂首挺立，或大步跨越，或展翅高飞，简单明晰、秀丽生动中又带有几分优雅。这一时期的凤鸟有各种名称，如“鸾鸟”“朱雀”“朱鸟”等，象征着吉祥。帝王将相等人均相信人可以永葆青春，因而常常将凤鸟与神仙活动联系在一起，神秘意味也愈发浓厚。

汉承秦制，但文化上保留了很多楚国时期的文化艺术传统。传统文化中作为凤鸟族类的朱雀，在汉代瓦当纹样的发展中最具特色，对后世凤鸟纹样的发展产生了极大的影响。此类朱雀纹瓦当图案丰富多样，身体各部分表现完整，凤鸟身体上的鳞片分明，强调一种向上向前的造型。汉代朱雀纹瓦当继承和发展了战国和秦代夔凤纹瓦当的诸多特色，展现出了汉代独有的时代韵味，孕育出了自己的新面貌。

二、凤与建筑

建筑是人们为了满足基本的生活需求，基于现有的材料，利用掌握的技术手段所打造的一种场所。原始的建筑是为了遮风挡雨、避寒取暖，现代建筑集实用性、坚固性、美观于一身。所谓的“凤建筑”，是外形似凤凰、蕴含凤凰文化底蕴、展现凤凰精神、以凤凰命名或者拥有与凤凰有关的传说的这一类建筑的总称。

有些“凤建筑”因外形似凤凰而得名。坐落于四川广元市，享有“川北第一楼”美誉的凤凰楼，建成于1989年，既有古代的典雅质朴，又有现代的富丽堂皇，与凤凰山融为一体，远远望去似凤凰回首。相传凤凰楼的建立与唐代女皇武则天有着紧密的联系：武则天出生时，一只凤凰围着房子盘旋一周之后向东山飞去，预示了她极不平凡的一生；武则天14岁进宫为才人，因此楼阁共有14层；由北而南翘起的檐角，回望南方的凤首，寄托着武则天深深的思乡之情。西安清真大寺院内的“凤凰亭”，中间的主亭呈六角形，飞檐尖顶，两侧的边亭呈三边形似牌楼，左右翘翼，三亭相连，形似展翅高飞的凤凰，因而取名“凤凰亭”。

有些“凤建筑”因拥有与凤凰相关的传说或典故而得名。山西大同自古以来就被誉为“凤凰城”。传说凌霄宝殿中的金色凤凰跟随玉皇大帝去瑶池赴会时，凤凰听完八洞神仙讲述的令人向往的人间美景之后，便央求张果老带领她逃离天庭下至凡间，张果老认为民俗敦厚、遍地梧桐的大同是下凡的最佳选择。待玉皇大帝退朝之后，凤凰便立即化身为蜜蜂逃出宝殿，降落到大同。次日，玉皇大帝不见凤凰的踪影，便令二郎神杨戬捉拿。杨戬在大同上空发现了凤凰，令其立即回天宫，凤凰执意不肯。二者争执起来，情急之下，二郎神杨戬用箭射中了凤凰的右翅，凤凰忍痛逃到恒山找到张果老，服用仙丹后才痊愈。之后张果老给明朝皇帝托梦，授意他将大同建成单翅凤凰状。于是皇帝在洪武五年（1372）下旨，在辽金“云中土城”旧址的基础上另建大同城，在景泰年间巡抚年富于城北筑“北小城”，在天顺年间巡抚韩雍于城东筑“东小城”、于城南筑“南小城”。因而，大同市有南关、北关和东关，但没有西关。据说南关象征凤首，东关象征凤的左翅，最长的北关象征凤尾，整个大同就犹如一只金色凤凰正昂首伸展翅膀。另有一传说为一只羽毛华丽、姿态高傲的凤凰停落在大同，一位武士见它与众不同，弯弓拉箭射中了凤凰的右翅，凤凰凄鸣一声抖掉大团羽毛，拖着疼痛的翅膀消失在天际，抖落的羽毛瞬间撒满大地，化为大同这座城池。

坐落于杭州市主城区西南方的凤凰山，名称的由来有着一个古老美丽的传说。很久以前，在西湖南边的一座山脚下，住着一对相依为命的兄妹——哥哥春生和妹妹秋姑，父母去世时留给他们三亩祖田，兄妹两人每天早出晚归，辛苦劳动之后赚取的钱财在秋收后被当地的财主洗劫一空。兄妹俩只能吃糠咽菜，生活凄惨。这一年大年三十，窗外狂风呼啸、大雪纷飞，屋内兄妹俩守着桌上仅有的一碗稀米粥过年，两个人推来让去谁也不舍得喝。突然，屋外传来一个老婆婆的求救声，兄妹俩见她头发花白、衣衫褴褛，便心生怜悯，急忙扶老婆婆进屋，将仅有的一碗稀米粥给了瘦骨嶙峋的老婆婆，并留老婆婆在家过夜。次日临别前，老婆婆拿出一条描有凤凰图案的白绫送给了秋姑，并说：“姑娘，等你将这块白绫完全绣好，你和哥哥就会获得幸福。”秋姑把老婆婆的话牢记在心底，待老婆婆离开后，便没日没夜地绣白绫上的凤凰，她分别用红色、黑色、金色、五彩的丝线绣凤首、凤眼、凤翼与凤尾。她的手指不小心被绣花针扎破，秋姑就在血迹上绣上太阳。功夫不负有心人，秋姑终于把老婆婆赠予的白绫绣好，挂在屋子里，美丽的凤凰抬头望着火红鲜艳的太阳，如果不仔细看，还以为是真的凤凰。一日子夜，秋姑醒来时，只见屋里金光闪闪，凤凰竟然从白绫上飞了下来，在屋里转了几圈之后又回到了白绫上。次日清晨，秋姑打扫卫生时发现地上有一个金色的凤凰蛋，兄妹两人把凤凰蛋拿到集市上换了一头黄牛和几亩薄田。

这件事很快就传遍了大街小巷，县官得知此事后，下定决心一定要将凤凰白绫弄到手。他打算用三百两银子换取兄妹俩的凤凰白绫，哥哥拒绝了县官的无理要求。县官顿时大怒，以“盗窃国宝”之罪将春生逮捕入狱，吩咐手下人去春生家抢来凤凰白绫。获得凤凰白绫后，县官非常兴奋，坐在椅子上等待着凤凰下蛋。深夜，屋里洒满了金光，凤凰果然从白绫上飞了下来，但没有下蛋，而是迅猛地扑向县官，在他身上啄个不停，最后县官被啄得满身鲜血，左眼被啄瞎，直喊救命。当差者闻声赶来，凤凰冲出窗外飞向山边。县官仍不死心，将秋姑传来，说只要再绣一条凤凰白绫就放出她哥哥，秋姑爽快地答应了他的要求。秋姑从县官那里拿取白绫绣了三个月，绣好了没有眼睛的凤凰，要求县官放了哥哥之后才绣好凤眼。春生被释放后，秋姑迅速绣好凤眼，凤凰立即张开翅膀飞到他们身边，载着兄妹俩向山上飞去。后来，人们将凤凰飞往的那座山称为“凤凰山”。

《诗经》有云：“凤凰鸣矣，于彼高冈。梧桐生矣，于彼朝阳。”意即凤凰只会栖身在高冈上鸣叫，梧桐只在有朝阳的地方生长。国家级旅游度假区青岛凤凰岛，俨如一只展翅欲飞的金凤凰，栖息于黄海之滨、胶州湾西海岸。传说凤凰沉醉在胶州湾的湛蓝海水、渔民的歌声中，乐不思蜀。人们就以凤凰的名字命名凤凰岛。

有些凤建筑集凤凰外形与凤凰传说于一身。咸阳凤凰台，享有“咸阳古城明珠”和“咸阳八景之一” 的美誉，建于明洪武四年（1371），高6.1米，占地800平方米，是市区内唯一保存较完好的高台古建筑群。凤凰台名称的由来有两种说法，一是与萧史和弄玉吹箫引凤的传说典故有关，二是造型与凤凰颇像。凤凰台上有三间东殿、三间西殿，象征着凤凰的双翅，中间两座殿前后纵排，前殿略高，台墩两侧有32级磴道，磴道两旁有石栏杆、石墁道，磴道中间两侧有铁铸八棱六塔屋，俗称凤眼，北面有南海洞，参差不齐的廊檐，形似一群凤凰聚集一处。

除此之外，还有很多以凤命名的建筑，如湖南省湘西土家族苗族自治州的凤凰古城，湖南省株洲市的凤凰桥，广东省潮州市的凤凰镇等。

第四节　生活器物中的凤形象

在古代传说中，被尊为百鸟之王的凤是一种神鸟，它是吉祥幸福的化身。凤凰的起源约在新石器时代，原始社会陶器上的很多鸟纹是凤凰的雏形。1977年，浙江省余姚市河姆渡镇河姆渡文化遗址出土了“双鸟朝阳纹象牙碟形器”，两侧各有一只展翅欲飞的凤鸟，圆圆的眼，长长的嘴巴，昂首相望，向着太阳，形象地反映出新石器时代先民对凤鸟和太阳的崇拜。这个距今6500年的河姆渡凤纹一度被认为是中国最早的凤凰图案。1991年，湖南省洪江市安江镇高庙文化遗址出土了一件高直领白陶罐，肩部和颈部分别有两只形态健美、双翅托着太阳在天际翱翔的凤鸟，它们姿态雄健，活灵活现，具有神话传说中凤凰的鲜明特征，有冠、非常长的喙、长颈、漂亮的长尾，距今已有7400年的历史，为揭开凤凰“诞生”之谜提供了珍贵的实物资料。

在中国漫漫历史征途中，凤鸟以各种形态出现在人们的日常民俗生活中，带有凤纹装饰的器物以及以凤命名的物件，都寄托着人们的美好期望，成为祥瑞美好的象征。

一、凤与青铜器

《诗经·商颂·玄鸟》中有“天命玄鸟，降而生商”之说，人们认为商朝的出现得益于天上神凤的降临，凤成为他们的图腾，在这一时期也被尊奉为神鸟。商周时期是中国青铜器文化最辉煌的时代，青铜器在当时的社会中备受上层阶级的青睐，成为权力和身份的象征。青铜器变化多样的装饰中，绚丽多姿的凤纹脱颖而出，也是奴隶主贵族敬上帝、畏天命的尊神文化的体现。构图完整的凤纹由原始社会时期的彩陶上的玄鸟纹样演变而来，与身体修长的夔相像，因此祭器中离不开夔凤纹。西周青铜器上的凤纹在沿袭商代庄严神秘的基础上进行创新发展，其头部、尾部和羽毛的处理别具一格，多为抬头挺胸的侧面姿态，规矩严谨，眼珠圆睁目视前方，喙和冠羽长而弯曲，尾羽很长且占身段的大部分，这一鲜明特征使凤带有一定的神秘感，极其端庄典雅的外部造型中折射出一股高深莫测的力量。

铜镜，即古时候人们用铜做成的镜子，与人们的日常生活息息相关，是中国古代文化遗产中的珍宝。铜镜上不同风格、不同形态的凤纹饰，被人们视为吉祥和幸福的象征。商代的铜镜均为圆形，西周时期亦是如此。西周中期的铜镜打破了原有的风格，动物纹饰开始出现，譬如展开双翅、尽情飞翔的鸟纹。春秋时期的铜镜不再仅仅局限于圆形，出现了方形铜镜。汉代是我国铜镜发展的重要时期，以青龙、白虎、朱雀、玄武等神兽相结合的纹饰居多，诸如四叶八凤纹镜、变形四叶驾凤镜等。唐代，凤鸟纹铜镜逐渐变得流行，外形上菱形铜镜开始

图 3—6　带柄凤纹铜镜（宋）

崭露头角。到宋代，凤鸟纹铜镜之风已盛行至极，制作更为讲究，工艺更加精湛，不论是圆形、方形、菱形、葵花形，还是注重实用价值的带柄凤纹铜镜（图 3—6）都应有尽有。铜镜上的凤鸟纹样千姿百态，栩栩如生，其中寓意夫妻恩爱和谐、婚姻幸福美满的对凤对飞纹样别具一格。

二、凤与玉器

玉器是中国传统文化的载体之一，中华民族自古以来就有深厚的尚玉情结，在新石器时期就已经出现制作精致的玉饰品，自此玉文化伴随着中国历史的前进而蓬勃发展。汉代，作为当时神灵和权威象征的凤鸟纹成为玉器中重要的装饰母题。由于取材和用处的不同，与青铜器上的凤纹相比，玉器上的凤纹线条更加柔和，一扫之前的神秘感和诡异感。1976 年于河南省安阳市殷墟妇好墓中出土的商代玉凤，是迄今为止发现的较早的玉凤造型，享有“天下第一凤”的美誉。玉凤呈黄褐色，身躯扁平，形体修长，凤冠呈三角形，做侧首回身状，长长的尾巴向一侧扬起，尾翎有合有分，仿佛要振翅高飞。优美流畅

图 3—7　透雕龙凤纹青玉佩（战国）

的线条，飘逸洒脱的体态，清新自然的风格将凤鸟的形象展现得淋漓尽致，这样的凤鸟纹样在崇尚庄严浑厚的商代越发显得超然脱俗。

春秋战国时期，凤纹样在青铜器和漆器中使用较多，玉器中相对较少。1987 年，湖南省长沙市五里牌一号墓出土的透雕龙凤纹青玉佩（图 3—7），可谓是战国玉雕中的精品。玉佩玉色温润，整体呈圆弧形，两面透雕连体龙凤，龙身弯曲做回首状，凤冠上翘，羽翼丰满，做振翅欲飞状，纹饰精美，线条流畅。

与秦朝相比，作为汉代神灵和权威象征的凤在玉器中所占的比重有了显著增加，成为玉器中重要的装饰母题，此外还有许多玉环、玉璜、玉璧等（图 3—8、图 3—9、图 3—10），主要以凤纹纹样为主，充分显现了玉凤纹的发展趋势。道家神话体系和谶纬学说的盛行使玉凤蕴含的文化内涵更加丰满，蕴含的文化底蕴更加深厚。汉代的凤纹玉器材质多为和田白玉和青玉，凤纹多装饰于环、璜、璧等装饰品和日用品中，长冠曲喙，凤鸟姿态各异，或与龙在云卷云舒中共舞，或振翅欲飞，

图 3—8　双面透雕龙凤纹青玉环（西汉）

图 3—9　凤鸟蒲纹玉璜（西汉）

图 3—10　双面三凤蒲纹玉璧（西汉）

或回首蜷身，多与龙纹、蒲纹、卷云纹相组合，线条舒展流畅，是艺术性与实用性完美结合的集大成者。

三、凤与楚漆器

战国是我国历史上继春秋乱世之后发生重大变化的时期，奴隶社会崩溃、封建社会崛起并获得发展，原有的旧制度、旧统治秩序被破坏，建立了新制度、新统治秩序，思想文化空前繁荣，社会生产力迅速提高，农业和手工业快速发展，诸子百家争鸣改变了人们的伦理意识，提高了人们的审美水平，工艺美术品也如雨后春笋般涌现，是中国社会发展的黄金期。除了盛行的青铜器和玉器之外，金银错工艺开始出现，丝织和漆器工艺不断改进，使得凤纹荣登兴盛繁荣的宝座：发展有了新的载体，造型有了新的面貌，内涵有了新的寓意——图腾意义相对减弱而成为吉祥的象征。

该时期的漆器工艺在继承商周时期技术的基础上进行创新得以迅速发展，漆器快速进入到人们的日常生活中，广泛应用于社会各个阶层，中国漆器工艺出现第一个繁荣期，而楚国漆器是此时最具代表性的器物。楚国漆器将其自身功能、造型与大自然以及人们的社会生活相结合，融入了鸟、龙、虎、鹿等多种动物元素，创造了文化意蕴深厚、内容丰富、范围较广、风格多样的装饰纹样，其中凤鸟纹是最普遍的，在楚漆器中起着极其重要的作用。这一时期的凤鸟身材修长、巧妙灵活、温柔清秀，新出现的花草凤纹和云凤纹，使得此时的凤纹在沐浴楚文化的洗礼之后，彰显出潇洒飘逸的气度，清新秀丽中略带一丝神秘。

20 世纪 80 年代初期，童书业先生在谈及楚人与凤图腾时说道：大多数现代人认为楚人的祖先是欢兜，也就是丹朱，它本来是日神，即日中之乌。① 据此推敲，凤拥有作为其始祖化

①彭浩：《楚人织绣纹样的历史考察》，《文艺研究》1992 年第 3 期。

身的神奇力量，是楚民坚定不移信奉的图腾，是楚民赖以忠信的神灵，是楚人寻求庇佑的载体，在楚文化中占有极其重要的位置，是民众抒发情感的纽带，也是民族文化的象征与根基所在。因此楚人对凤的钟爱绝不仅仅是出于外形上的审美，而是浸润着图腾崇拜、传递着神灵与福祉、承载着情感和精神寄托。祭祀活动中，楚人认为凤鸟具有上达天听、传达上天旨意的神力，是向天地万物播撒福祉的使者，凤鸟所具有的这些神力与楚人内在的期望不谋而合，偏爱礼法的中原人永远无法理解楚人与凤鸟的这种深厚感情。凤鸟作为楚人的图腾，在楚文化艺术中有着深远的表现，同时也是凤鸟纹饰在楚漆器中得以产生与兴盛的根源。

战国时期，楚国漆器中的凤装饰纹样具有极其特殊的意义。此时的凤鸟纹样汲取了较多的浪漫主义色彩，失去了前期的严谨，造型上变得愈加清秀俊逸，线条运用上也愈加别出心裁，彰显出楚国深厚的文化底蕴。战国时期，楚漆器中凤纹纹样的发展分为三个时期。战国早期，楚漆器中的凤鸟纹样，更多地继承了西周时期简单而又严谨的艺术风格，造型上由若干个动物的局部进行多样化的组合而成，构图上相对自由散漫，色彩运用上也较为单一，红、黄、黑是主色，罕见而天真的原始艺术形态，带给人一种新奇独特的视觉感知。诸如早期楚国漆器中常见的凤头蛇身纹饰，以随州曾侯乙墓出土的漆器较具代表性。战国中期，楚漆器中的凤鸟纹样有了进一步发展，色彩运用上除了早期的红、黄、黑之外，还加入了金、银、蓝、绿等，制作技艺上颜色的搭配与融合、绘制等也显得愈加考究，具有浓郁的地域色彩。以湖北地区为代表的“鄂系”凤鸟纹饰，造型稳定，色彩多样，形象巧妙，彰显了楚文化中漆器制作工艺的最高水平。以河南为代表的“非鄂系”凤鸟纹饰，造型稳重大方，色彩搭配严谨，凝聚了中原文化的厚重与粗犷。战国晚期，楚漆器中的凤鸟纹样在原来的基础上有了更加脱俗的表现，颜色搭配、制作风格日趋成熟，多种变体的造型格外引人注目。

从商周时起，楚人便徜徉在漆的海洋，生死都离不开漆，更离不开作为图腾崇拜的凤，这些漆器的使用有着严格的区分：盛酒、盛放食物的彩绘凤鸟纹耳杯，盛放腌菜、肉酱或调味品的祭祀礼器凤鸟莲花漆豆（图3—11），盛酒的彩绘变形凤鸟纹漆卮（图3—12）、彩绘云凤纹漆樽，盛液体的彩绘云凤纹漆盂、彩绘凤纹竹筒（图3—13）、彩绘凤鱼纹漆盂（图3—14），分别用于舀取食物与酒浆的彩绘云凤纹漆匕和彩绘凤形漆勺，古代女子盛放梳篦、脂粉的彩绘变形凤鸟纹漆奁、彩绘云凤纹漆圆奁，彩绘几何变形凤鸟纹漆圆盒、彩绘云凤纹漆圆盒。

图3—11　凤鸟莲花漆豆（战国）

图3—12　彩绘变形凤鸟纹漆卮（秦）

图 3—13　彩绘凤纹竹筒（战国）

图 3—14　彩绘凤鱼纹漆盂（秦）

图 3—15　虎座飞鸟（战国）

湖北江陵李家台4号楚墓中出土的随葬明器虎座飞鸟（图3—15），是楚漆器中最富特色的器物之一，也是众多虎座飞鸟雕塑中最杰出的一件。一只背上插有一对麋鹿角的凤鸟立于卧虎背上，做展翅欲飞状，概括、夸张的构图与造型实现了器物融合的和谐。古人在打造这件艺术神器时，意欲将虎、鹿的神力全部集于位于中央的凤鸟身上，使凤鸟具有更强大的神力，这种思想动机与楚人的崇凤传统有着十分密切的关系，将虎座飞鸟同死者一起葬入墓中，目的是借助凤的神力保证死者的遗体不受侵袭，与此同时，古人相信死者的灵魂能被顺利地引渡到另一个美好的世界。

图3—16 透雕座屏（战国）

出土于荆州天星观2号墓的战国透雕座屏（图3—16），主要用于室内摆设。长方形的木框中透雕凤鸟与蛇相斗的图案，四大四小的八只鸟背向而立，每只鸟的嘴里都衔有一条蛇尾，蛇尾倒立盘旋数圈后，蛇头张嘴伸向凤鸟足，显而易见，被楚人崇拜的神鸟——凤完美地战胜了蛇，表达了楚人战胜自然的欲望和精神。

四、凤与画像石

作为汉代艺术重要组成部分的图画，常常镌刻在石头上，考古界将此称之为画像石。汉代的画像石中有数不清的凤鸟图案，在版图和政治制度高度统一的背景下，文化也实现了大融合，因而汉代画像石中的凤鸟纹样既保留了南方人所带有的楚韵，又具有北方人自有的豪放。

汉代画像石中的凤鸟，眼圆喙尖，双翅张开，华丽飘逸的凤尾，大腹便便，做昂首阔步状，多为侧面或斜面的形象，雄赳赳、气昂昂，摆脱了商周时期的神秘与凶恶，富于一丝生活情趣。凤鸟与树、建筑、太阳组合的题材层出不穷，尤其是凤鸟与太阳并存的图案居多，究其根源，与早期的自然崇拜有一定的关系，凤鸟可以在天地间尽情地翱翔，还可以近距离地接触太阳，传说凤鸟每五百年背负着人世间的所有不快和恩怨投身于烈火之中，用自己的生命换取人世间的幸福，人们就将凤鸟赋予太阳的隐喻，寓意浴火重生。每当凤鸟出现时，就会有百鸟聚集左右，造就“百鸟朝凤”之势，所以，后人常用此形容品行似凤鸟一般的人，同时寄托了人们希望有一个圣明君主的美好心愿。江苏徐州汉画像石馆的《百鸟朝凤图》保留了原图的局部，两只分别回头向后和昂首向上的怪兽，两只展翅飞翔的小鸟，八只鸟环绕的振翅欲飞的朱雀，头戴胜，颈有鳞，因画像石有缺损，所以无法完全研究。[①] 简约的线条，粗放的造型，浑厚的气势，凸显出中华民族积极上进的精神风貌。

①江苏省文物管理委员会、南京博物院：《江苏徐州十里铺汉画像石墓》，《考古》1966 年第 2 期。

五、凤与瓷器

继隋朝之后的唐朝，是中国最强盛的时代之一，艺术创作也呈现出繁盛局面，运用最多、地位之高的凤鸟纹的发展也更上一个台阶，在当时的瓷器、铜镜、妇女头饰中大量出现，成为以后历代凤鸟形象的标本。富有浓郁生活气息的生动刻画一扫两汉时期的古拙、雄健，鸡冠鹰嘴、鼓腹翘尾的新造型体现出中华民族雍容大度、刚劲有力的新形象，这与唐代开放包容的时代背景十分契合。

图 3—17　唐三彩凤首壶

现藏于故宫博物院的唐三彩凤首壶（图 3—17）是其典型代表，壶高 33 厘米，口径 5.7 厘米，底径 10.4 厘米，壶口呈凤首状，两只凤眼目视前方，嘴部紧闭，颈部纤细，侧置曲柄，腹部隆起形成两面开光体，壶身图画分别为猎人骑马射箭和凤鸟展翅高飞，高足外撇，底部继承了南北朝时期的莲花尊形，瓶身用绿釉、褐釉和白釉，底部没有用釉。清新流畅的线条，鲜艳雅致的色彩，鲜明突出的物象，别具一格的塑贴技法，精美绝伦的造型，使画面具有浅浮雕效果，巧妙地将外来文化与传统民族艺术融合在一起。

第四章

飞凤呈祥：凤与礼仪节庆

“凤”虽然是一个祥瑞的文化符号，承载着图腾的记忆、祖先的记忆，但它并非只是高高在上的神物，同时，它也是人们日常生活中的“朋友”，与人们的岁时节庆和礼仪习俗相伴相随。

“凤”这一文化元素或者说文化符号与中国的岁时节庆以及相关礼仪场景联系在一起，实际上是把这一符号放置于一定语境之中来进行阐释，从时空的层面更加清晰地展示凤与中国民俗的关系。只有这样，“凤”的形象与意义才不至于碎片化，才能增强与人们日常生产生活的密切联系，呈现出更加丰富的文化内涵。刘晓春认为民俗传承语境的构成，包括了时间、空间、传承人、受众、表演情境、社会结构、文化传统等不同因素。[①] 任何一种文化元素或民俗事象都不是孤立存在的，它们都存在于一定的语境之中。“凤”在不同的语境下所呈现的意义并不一定相同，它出现于适合它存在的时间与地点，并且呈现出多元的文化内涵。诚然，对于凤的研究尚缺乏足够的田野考察资料，尚未包含所有的语境构成，但是通过对已有资料的整理、搜集以及分析，人们依然能够在一些岁时节庆与礼仪场景的特定时空中感受不一样的凤。凤在与人们对话，它是人所

①刘晓春：《从“民俗”到“语境中的民俗”——中国民俗学研究的范式转换》，《民俗研究》2009年第2期。

创造出来的符号，当它进入特定的时空中时，便超越了原本创造它的意义。

因此，本章从两个维度分析中国的凤民俗，一个是空间的维度，一个是时间的维度，即在一些礼仪场景与岁时节庆中挖掘凤民俗的呈现方式，探讨凤文化的深层意蕴。

第一节　礼仪场景中的凤

一、婚礼仪式上的凤冠

（一）凤冠与婚礼的关系

婚姻是人一生中的头等大事，男女在婚姻中结合，才能使人类血脉生生不息，完成生命的延续。作为“万物的灵长”，人的使命重大，而婚姻将男女结合，从而使他们共同承担起来自家庭、工作等方方面面的社会责任。婚礼则是人们迈入婚姻的一个重要仪式，经过这一仪式，男女彼此立约，从此相知相伴，不离不弃。

在中国的传统婚礼中，“凤”的身影无处不在。伴随着新娘的十里红妆处处彰显着凤的身姿，如凤纹提桶、凤纹衣架、凤凰喜被、凤饰梳妆台、刻凤的轿子等，而最引人注目的便是新娘的那一身凤冠霞帔凤尾裙了。其他的嫁妆都被时光磨去了光彩，唯独这一套一生只穿一次的婚服被妥善安放。凤冠霞帔伴随新娘走完整个婚礼仪式，只有把它放到婚礼进行的场景中，才能发现它更深层次的意义和价值。

王革非编著的《古代婚姻与女性婚服》一书系统全面地梳理了凤冠与婚礼的关系。礼制形成于周代，婚姻制度在周代的社会制度中具有十分重要的地位。婚礼有一套统一定制的礼节——“六礼”，即纳彩、问名、纳吉、纳征、请期、亲迎，而这六个环节都要经过父母和媒人之手，从而与抢婚的风俗区别开来。婚礼的服饰也有了标准配置，男子必须按照地位等级来穿着（冠服制），女子正婚则穿玄色纯衣，头戴发饰缅、笄、次，要显出庄重典雅。“次”就是假发髻，周代女子结婚时将假发髻套于头上，并用簪钗等固定。按照江绍原《发须爪》一书的观点，假发被古时的人们认为具有生长、延续生命的作用，将假发束于新婚女子头上，可能具有促进生育的寓意。虽然周代尚未出现凤冠，但是已经为凤冠的发明和运用奠定了基础，即礼的基础，只有礼的形成才能促使人们不断创造更多的饰物来强化礼的功能和意义。

到了汉代，稳定发展的经济和强盛的国力为婚礼由朴素向奢华的转变提供了基础条件。婚服的颜色开始由原来典雅的玄色纯衣变成艳丽的彩衣，并且婚服也开始出现等级化特征，等级越高，婚服衣料和颜色的选择面越宽。新婚女子的头饰除了固定发髻的簪钗外，还多了珠花、步摇等装饰物品。

凤冠在汉代已经出现，但尚未用于婚礼之中，只有太皇太后和皇太后、皇后在入庙的时候戴着。据周汛、高春明《中国衣冠服饰大辞典》记录，汉代时凤冠就出现了，太皇太后、皇太后和皇后到大庙行礼时，头上所戴的冠饰中就有凤凰的造型。在汉代，凤冠便成为女性最高等级的象征，普通老百姓则禁止使用凤冠。汉代之后凤钗、凤冠逐渐在贵族阶层盛行开来，唐代出土的一些文物中就出现了妇女插凤钗或戴凤冠的形象。1971 年，在陕西咸阳乾陵一侧发掘了唐懿德太子墓，墓中出土的石椁上，刻有一顶高冠，冠两侧各插有一支硕大凤钗，凤口衔以珠串；在敦煌莫高窟 103 窟唐代壁画中的一贵妇，除了在发髻两侧各插了一支凤钗外，头上还戴有凤形冠饰等。[①]

宋代，凤冠才正式被定为礼服，并且列入冠服制度。贵族妇女出席重要典礼时都必须戴凤冠，北宋凤冠的统一形制是

①罗微：《人类学视野的古代汉族凤冠符号象征意义》，《青海民族研究》2006 年第 1 期。

“首饰花九株，小花同，并两博鬓，冠饰以九翚、四凤”[1]，而南宋凤冠加入了龙的形象，叫作“龙凤花钗冠”。而普通女子所戴头冠并不允许有凤凰的装饰，只有简单的花钗和珠玉，但百姓们仍然管它叫作凤冠，可见平民老百姓对凤也是极其喜爱的。但有一个地方的普通妇女却可以破例佩戴有凤的凤冠。传说南宋时期，金兵南下，康王赵构被金兵追到宁波西乡，遇见一个村姑。姑娘赶紧用箩筐把康王罩住，使康王躲过了金兵的追捕。康王被救后，就向她表露了自己的真实身份，并承诺政权稳定之后接她入宫，封她为妃，并让姑娘以肚兜为凭，只要把这个肚兜挂在门口，康王就能认出她来。然而这个农村的姑娘并不愿意入宫。于是第二年，已经做了皇帝的赵构来寻恩人，结果发现村子里有姑娘的人家，家门口都挂起了肚兜，皇帝和使者无法判断哪家姑娘是真正的救命恩人，皇帝只好下了“浙东女子尽封王”的圣旨，让浙东地区的女子出嫁时享受公主的待遇，可以穿戴凤冠霞帔，嫁妆上皆可雕龙刻凤。虽然该传说的真实性无从判断，但是从中可以大致推断，在宋代，有凤凰装饰的凤冠已经开始在民间使用，而江浙地区本属于富庶之地，当地百姓也具有戴凤冠的物质条件。明朝凤冠多为皇族妇女使用，作为命妇礼服，其颜色和图案纹饰都有严格的规定，平民女子只有在婚嫁或葬殓之时才可穿戴。到了清代，凤冠霞帔由贵妇服饰演变成为一般汉族新娘的标准婚礼盛装。

①(元)脱脱等:《宋史·舆服志》，中华书局，1977年，第3535页。

关于凤冠的文献记载多与皇族有关，并且在贵族阶层中，凤冠并不只在女子结婚时使用，贵族女子在任何重要的礼仪场合都需要戴上不同形制的凤冠。而在民间，凤冠虽然被禁止使用，但是依然阻止不了它作为女性礼服使用于婚礼之中，原因何在？如果从线性的角度去分析，很难得到一个确切的答案，即便在历史材料充足的情况下，也很难得出凤冠出现于民间婚礼中的确切时间。但是，可以从另外一个角度去分析民间热衷于将凤冠用于婚礼的原因。结构主义人类学家列维·斯特劳斯（Claude Lévi-Strauss）曾经写过这样一段话：

> 某些在我们历史上已被证实的社会形式和组织类型，在某种情况下，可能再度具有现代性，并且能够回溯至那些与我们的时空距离十分遥远的社会。所谓复杂或先进的社会，与被误称为原始或古代的社会，两者之间的距离远较人们认知的小上许多。远方照耀了近处，近处也能照亮远方。①

①[法]克劳德·列维·斯特劳斯：《我们都是食人族》，上海人民出版社，2016年，第193页。

这段话表达的观点是某一社会的一些结构形式与这个社会之前所产生的一些结构形式相呼应。以此观点来理解被用在民间婚礼当中的凤冠，可以发现婚礼中的凤冠隐藏着在原始社会“凤”作为图腾的神圣功能。当“凤”从图腾变为贵族阶层的象征之物后，它被禁止使用于普通老百姓，在民间文化结构中便缺少了“凤”这一结构元素，这一结构元素的缺失导致人们文化心理上的缺失，于是人们需要以另外一种方式重新寻回这一缺失的元素。因此，尽管普通女性所戴的凤冠上起初并没有凤，但依然被老百姓称为凤冠。远古时期的凤图腾崇拜与祭祀等仪式紧密结合，巫师只会在特定的仪式当中才会戴上面具。同样，凤冠也应该在特定的仪式场景中才会出现，而凤冠恰好与女性的联系最为密切，因此最后被保留在民间婚礼仪式当中便是理所当然的了。凤冠、女性和婚礼，“照耀”着那似乎很遥远的凤的头饰（或面具）、巫师和祭祀仪式，看似不同的社会结构却存在着相似的本质，在深层的意义中，婚礼实则是一场祭祀仪式。因此，在祭祀仪式中，凤的头饰是不可或缺的结构要素，当祭祀仪式在形式上转变为婚礼，凤冠也顺理成章地成为婚礼中极其重要的元素。

民国以后，随着西式婚礼在中国的传播，凤冠似乎逐渐消失在婚礼当中。但是这并不意味着凤冠会永远消失，如今人们对民族文化重新燃起自信心，凤冠在中式婚礼当中又占有了一席之地，这意味着人们在追回曾经的记忆，再次呼应着那个遥远的社会。

（二）凤冠在婚礼中的审美价值

凤冠与婚礼具有十分紧密的联系，这便于理解凤冠在婚礼场景当中的意义和功能。在传统民间婚礼中，凤冠隐藏着的深层的图腾意义已经逐渐淡化，难以被人察觉，但它的审美的功能不断彰显出来。在婚礼场景中，虽然凤的元素无处不在，但只有凤冠能成为新娘最宝贵的贴身配饰，并且醒目地戴在新娘的头上。结婚当天，从新娘精心打扮好开始，直到盖头被新郎揭开为止，凤冠始终戴在新娘的头上。它同新娘一起走出娘家的门，走进花轿，进入礼堂，步入新房。

凤冠充分地满足了人们的审美需求，它与红色的盖头搭配，一起衬托出新娘的无限魅力。从迎亲到拜堂再到入洞房的过程中，凤冠全程都被红盖头遮住，这就增添了一种神秘的美感，参加婚礼的亲朋好友以及新郎可以透过半透明的红纱盖头，欣赏到戴凤冠的新娘隐隐约约的美丽，激发起人们对女性之美的好奇和遐想。等盖头被挑起的那一刻，凤冠随着烛光律动，发出闪闪的金光，衬托着新娘满溢幸福的脸颊，使新娘显得越发光彩照人。

（三）凤冠在女子身份转换中的价值

凤冠还是女子由少女变为妇女的身份转换的凭证。戴上凤冠出嫁的女子才算真正完成了成人礼，实现由少女到妇女的转变。根据《礼记》的记载，女子十五岁许嫁（定亲），盘发插笄，举行笄礼，这是女性成年礼的开始，若女子一直没有定亲，也必须在二十岁之前举行笄礼。等到正式结婚的时候，女子需要进行加笄仪式，即戴上更加高级的头饰，凤冠则为高级头饰的一种，并且逐渐固定下来，成为女性结婚必定佩戴的头饰。戴上凤冠举行完婚礼则表示女性正式成年，迈入社会。焦杰表达了同样的观点："笄礼并不是女性的成年，许嫁结婚才是妇女的成年，这个观念非常鲜明地体现在婚礼的成妇仪式上……从许嫁而笄到成妇之礼，女人终于实现了她的成年。"[①] 罗伯特·赫尔兹（Robert Hertz）也提到："婚礼带来的是身份的双重改变：一方面，为了使未婚妻融入到她丈夫的氏族或家族中去，它必须首先将她从她自己的氏族或家庭中分离出来；另一方面，它还要将她从少女的身份转变为少妇的身份。"[②]

①焦杰：《试论先秦冠礼和笄礼的象征意义》，《南开学报（哲学社会科学版）》2011年第4期。

②［法］罗伯特·赫尔兹：《死亡与右手》，上海人民出版社，2011年，第64页。

因此，凤冠是女子进入成人社会以及进入另一个家庭的凭证，只有经过了加笄仪式的女子，才能名正言顺地步入社会，成为新家庭的重要成员。新娘头上的"凤"拥有成熟、美丽、稳重的品质，它也将这些品质传递给了成年的新娘，新娘带着这些美好的品质进入婚姻，从此相夫教子，维系家庭的和平稳定，以看似平凡的身份实现着传宗接代的重要社会价值。

综上所述，凤冠是婚礼中的一个标志性文化元素，它在婚礼当中具有表明身份的作用。凤冠不仅隐藏了人们所遗留的对凤图腾崇拜的文化心理，而且也满足了人们的审美需求，彰显了审美的价值。更重要的是，它是古代女孩转换为成年女性、正式被社会承认的重要凭证。

二、祭祖礼仪上的彩凤

凤除了象征女性，有时也会与一些地位较高的男性联系在一起，民间就有"帝为龙，相为凤，将为虎"的说法。广东揭阳龙砂乡的彩凤祭祖仪式就是为了纪念他们的祖先江万里而设立的。

（一）彩凤祭祖仪式的由来

据《宋史·江万里传》、明代皇甫录的《下障纪谈》及宋代《昭忠录》等古籍相关记载，南宋末年，凶悍的元兵在攻破襄阳之后，又顺江而下，将铁蹄踏向了饶州。77 岁的前任左丞相江万里此时退隐在饶州的乡野。他的退隐并不是为了安度晚年。大宋已到了风雨飘摇的时候，奸臣当道，忠良遭害，正所谓“大厦将崩兮，一木难扶”。江万里深知国将不国，在襄阳陷落后，已预料到饶州难保，细思天下虽大，已无容身之处；老朽残年，尚可拼死殉国，于是在芝山凿池修亭，名曰“止水”。

1274 年，元兵大举渡江，谁也不知道慷慨赴死的那一天何时到来，饶州城人人自危。忽然有一天，江万里被几个蒙古散骑发现了，骑兵们殴打了这个老人，江万里以为时候已到，本欲寻机自尽，可最后还是寻机逃了出来。回到家中，江万里殉国的决心更加坚定了，他把门客陈伟器叫来，拉着他的手说：“大势已去，我虽不在官位，但应当与国共存亡。”

不久便传来噩耗：饶州城破，得胜的元兵在攻下城后开始疯狂地烧杀抢掠，江万里之弟江万顷被抓，元兵在他身上搜不到任何金银财宝，恼怒之下就把他杀害了。江万里悲痛欲绝，心里恨极了残忍的元兵，但自己又能做什么呢？覆巢之下无完卵，江万里早有殉国的准备。他毅然带着家人和随从来到止水池畔。时值早春，池水微寒，江万里等人纷纷纵身水中，直到第二天才被人打捞上来，草草埋葬，据说殉国者有 180 人之多。张世杰收复饶州后，知道了这件事，将之上报朝廷，满朝无不为之惊叹哀哭。朝廷为此大为感动，追赠江万里为太傅、益国公，谥号文忠。

宋朝灭亡了，可是江家还在，江万里继续存在于江氏宗祠之中，活在江家后人的记忆里。时光转移，朝代更替，不知换了多少人间，只是难忘止水池畔 180 人同时殉国的壮举。

大约是元顺帝时期，江万里后代中的一支[①]迁徙到了广东

①据《江氏族谱》记载，江万里次子是江铸，江铸次子是江汝祖，江汝祖的儿子是江恬息（福源公），江恬息即为龙砂江氏的始祖。

揭阳的龙砂乡。他们想要追述祖先的英勇事迹和高尚品德，但又迫于元朝政府的压力，不敢公开地祭奠，因想到江万里生前喜欢凤，而且凤在潮汕地区又是丞相的象征，后来又有人传在竹林见到了真凤，因此后人决定以“竖灯杆升彩凤”的方式来纪念他。这种祭祀方式在龙砂乡一直传承了下来，直到雍正二年（1724）七月“江氏家庙”兴建之后，该仪式便成为每十二年一次的例俗。[①]2011年，这项民俗活动正式入选第三批国家级非物质文化遗产扩展名录。

①林凯龙：《潮汕古俗》，生活·读书·新知三联书店，2016年，第244页。

（二）彩凤祭祖仪式的传承

龙砂乡位于广东省揭阳市揭东区，被榕江北河、车田河、枫江三条河流环绕着，这是一片富饶肥沃的冲积平原，因积沙成龙脉，故称“龙砂”。206国道与龙港路在龙砂乡的西北处交织，这里是利达客运中心。再向东、向南步行不久，便可以看到江氏家庙。这座建于雍正二年的古建筑承载了厚重的文化积淀，十二年一次的大型祭祖活动便在这里举行。江氏家庙坐落在港畔村的东边，这里是龙砂乡的中心，除了港畔村，周围还分布着陇埔村、寨内村、云南村、顺利村、王厝村、刘厝村、枫口村等7个村落。家庙是这八个村所共有的，家庙中供奉着他们江家共同的祖先。家庙在广安路的尽头，远远可见的是门口一对两米多高的大石狮子，门额上用花岗岩题刻“江氏家庙”四个大字。石狮子用黑麻石雕成，一雌一雄，左右相顾，目光炯炯。因为是露天的，所以称为“淋雨狮”，据说只有供奉丞相的宗祠才配用“淋雨狮”。走进庙中，可见一副古朴的对联：港边渔火腾双凤，畔上柳风策六鳌。首字“港”“畔”表明家庙所在地是港畔村，而“腾双凤”则有个美妙的说法：族人在榕江北河河畔曾见一对彩凤栖息在竹林之中，后来在栖凤之处飘下一幅吕洞宾的画像，因此江氏族人便对凤和吕洞宾更加崇拜。后来族人把“竖灯杆升彩凤”的习俗与对吕洞宾、铁拐李两位祖师的祭拜融合在了一起，因为祖师十二年重塑一次金身，故“竖灯杆升彩凤”活动也十二年一次。

龙砂乡的江氏后人非常重视“竖灯杆升彩凤”的习俗，尤其是得到国家层面的关注和保护之后。每到祭祀的那一年，他们很早就开始期待这一天的到来，走在大街小巷上，会看到家家户户都在精心地准备着彩凤、毛竹竿、灯笼、写有吉语的彩旗等物品。制作这些物品，也是祭祖活动的重要部分，凝结着每一个江氏后人对祖先的崇敬之心。所用竹竿，是尾部留着竹叶的10多米长的毛竹，上面会缠绕一些彩灯作装饰；彩凤是由铁、木、布等材料制成，彩凤上涂五彩，身披织锦，尾拖金丝绒红缎布，口衔灯笼，腹系风铃。每只彩凤身下，还挂有各种用竹篾编成的“福灯”，上面写着“江陵世家”，或者“伯府大人”“吕李祖师”等字样。凤头是木头制成，凤尾所插的大旗保证了整只彩凤前后的平衡，同时也起到了风向标的作用。

待凤杆升起，微风拂来，五彩之翼便随之翩跹起落，栩栩如生。此时的凤不再是画在纸上、木头上的平面的凤，而是有着鲜艳夺目的羽毛、绚丽多彩的长尾、展翅盘旋在高空自由腾飞的凤！一只只彩凤随风而转，逆风而飞；风铃摇动，铃声悠扬远播，与竹叶簌簌的响声交融在一起，更加增添了彩凤的灵动感。看上去，仿佛成群的凤从遥远的天边飞来，穿过竹林，带来了平安吉祥的消息。又仿佛先祖们的英魂随风而来，不断奏出阵阵铃响，与彩凤和竹林共舞。到了晚上，一盏盏高高的明灯亮起，像是夜里苍茫大海上的灯塔，为先祖的魂魄指引着归路。那明亮的灯笼散发出亮丽的光芒，笼罩着彩凤，此时的凤，又像是从熊熊烈火之中奋飞而起的重生之凤！铃声响动，清脆的声音在夜空中穿透云层，又好像是在唱着一支支招魂曲：魂兮归来，反故居些！

成群的彩凤要在灯杆上待一个月之久。这期间，龙砂乡的江氏后人还要举行大型的祭祖活动，民众们或盛装巡游，或燃烛焚香，或大摆筵席，或摆台唱戏，热闹之状不可胜记。①

要是细细了解的话，就会知道，江万里留给后人的不仅仅是宁死不屈的民族气节，还有著名的白鹭洲书院，以及一系列直言进谏的故事，这些都是彩凤祭祖的精神所在，是这场盛大民俗活动体现的深意。江万里是江西都昌县石牛畔江村人，出生于宋宁宗庆元四年（1198）十月十六日。江万里，字子远，号古心，与其弟江万载、江万顷先后中举，最后又先后殉国，被后世誉为江氏“三古”或江氏“三昆玉”。江万里在吉州（今江西吉安）做知军时，在当地创建了白鹭洲书院。该书院在宋代培养了大批人才，为社会发展做出了巨大贡献，其中最知名的要数文天祥了。白鹭洲书院一直延续到清代末年，前后共培养出 17 位状元、2700 多名进士，是江西古代四大书院之一，与庐山白鹿洞书院、铅山鹅湖书院、南昌豫章书院齐名。

忠臣良相与凤联系在一起，成为龙砂乡江氏家族对祖先永久的追忆。如今，这样的故事与民俗随着风中舞动的彩凤越传越远，将来还要流传到千代万代，凝固成中华民族古老的美好记忆。

（三）彩凤祭祖仪式的发展

2016 年农历十月初十，悬挂着风铃和灯笼的彩凤又一次成群地飘扬在了龙砂乡的上空，常日里宁静的村落顿时充满了节日的喜庆氛围。这一次的“竖灯杆升彩凤”活动与往年略有不同，由于国家的保护与促进，以及龙砂乡人民生活水平的提高，龙砂乡的这项民俗活动更加富于生机活力，也更加精彩了。

活动期间，龙砂乡仿佛被披上了一层晶莹炫目的外衣。置身龙砂乡的大街小巷，地上、楼上和空中几乎被密密麻麻的彩灯所铺满，真如海底龙宫一般，又如同进入了科幻的世界，到

①吴雁云：《潮汕民俗奇观——浅谈揭阳龙砂乡“竖灯杆升彩凤”习俗》，《民俗风情》2010 年第 2 期。

处闪烁着红的、绿的、紫的、蓝的，圆形的、五角星形的、心形的、点状的五颜六色、各式各样的灯光，像是一道道珊瑚做的纱帘，又像是海底游动的发光的鱼群。

据当地村民说，往年的祭祀活动都没有这次隆重，灯光也没有这次豪华，现在村民都比较富有，因此有能力投入更多资金，办得更好。村民们甚至提前半年就开始准备此次祭祖仪式，从彩凤的制作到仪式的举行，每一个细节都备受重视。

彩凤的制作方式也与以前不同。现在的彩凤，凤头用木头精心雕刻而成，在木头上涂上彩色的颜料。凤翅、凤尾则用铁片剪裁而成。最后把头、翅、尾拼合组装，就成了一只活灵活现的凤凰了。随着时代的发展，工业技术水平的进步，彩凤的制作工艺在传承的基础上也在不断地创新。这一年的彩凤不仅通身披上了绚丽的彩灯，而且凤头的雕刻也更加讲究，每个鳞片都要极尽美感。此外，彩凤制作者在凤翅上装上了动力装置，使得之前不会动的凤变成了能够上下翻动翅膀的“活凤凰”了。

如今的彩凤制作由最初的祭祀活动发展成了一项文化产业。龙砂乡 2 万左右的人口，每次祭祀需要 8000 多套彩凤。除此之外，揭阳市每年春节都有舞彩凤的传统。在需求的带动下，出现了彩凤制作专业户。这些专业户的出现，首先保证了彩凤制作工艺的传承，使得这项文化遗产得以永久传承下去；其次促进了行业之间的竞争，使得彩凤制作工艺水平不断得到提升，越来越精湛。各个彩凤制作专业户所制作出的彩凤各有特色，为了获得更大的市场，他们在彩凤设计、雕刻等各个方面都精益求精。这不仅为“竖灯杆升彩凤”的民俗活动提供了物质上的保证，也为我国凤文化的传承与发展注入了一股强大的活力。

除了技术上的革新，“竖灯杆升彩凤”活动也成为新时期的一场文化盛宴。“彩凤”的意象由于与一代爱国名相江万里的故事相联系，因而也具有了爱国主义教育的新意义，“彩凤之乡”也因此成为龙砂乡一张亮丽的文化名片。

揭阳龙砂乡“竖灯杆升彩凤”民俗在千百年的传承之中，创造了独特的“凤”文化。它由最初的怀念先祖发展到后来的民族情怀的培养，其精神内涵也悄悄地发生着变化。这是随着时代的发展和进步，凤文化历久弥新的见证。“凤”的意象在历史的传承过程中，也不断地被人们更新着、创造着，不断生发出生机与活力。

尽管时光荏苒，斗转星移，但是“凤”在中国大地上始终闪烁着耀眼的光芒，虽然很少有专门以“凤”为名字的节日礼俗，但是只要仔细观察，就会发现它存在于许多节日礼俗中。在不同的时空维度中，“凤”这一文化元素都展现着自己独特的意蕴。“凤”始终在向人们证明它的生命力，它既是传统的文化符号，也是现代的文化符号，既是过去的，也是现在的，更是未来的。这些与凤有关的节日礼俗并没有落伍，它们与人民群众的日常生活以及内在精神紧密相连，顺应着时代潮流的发展，展现着它们更加丰富多彩的文化魅力！

第二节　岁时节庆中的凤

一、凤舟竞渡

（一）端午、妈祖和凤舟

对于中国传统的赛舟活动，人们往往只知道端午节赛龙舟，很少听说过赛凤舟。事实上，凤舟竞渡具有十分悠久的历史，凤舟最早以“鸟舟”的形象记载于《穆天子传》之中，“天子乘鸟舟、龙舟浮于大沼”[①]，该“鸟舟”绝不是一般的船，

①《诸子百家丛书·穆天子传》，上海古籍出版社，1990年，第16页。

它与龙舟并行，况且为周穆王所乘，可以想象其舟体积之庞大，造型之精美，图案之华丽。两艘船并浮于大沼上，欲将乘风飞行，乘船之人皆飘飘欲仙。清代《小方壶斋舆地丛钞》记载："龙舟以吊大夫，凤船以奉天后，皆与五日为胜会。庚午之夏，番禺石桥村人聚万金，制凤船，长十丈，阔丈三，首尾高举，两舷重翼为舒敛，背负殿宇，以奉天后，游各水乡。"[①] 从这一记载中可以获取一些关键的信息：第一，凤舟与龙舟仍然并列出现在特定的同一时间之中，即"五日"，此五日可能指农历五月五日，根据后文信息可以推测是庚午年的五月端午；第二，凤舟和龙舟的功能至少在清代已经有了明确的分工，龙舟用来祭拜大夫，凤船用来祭拜天后；第三，该盛会发生在广州番禺地区，说明清代广州地区已有凤舟竞渡的习俗；第四，凤舟造型独特精致，最引人注意的是它"背负殿宇，以奉天后"，可能天后的塑像就直接供奉在凤船的殿宇上，凤船游走于各水乡，让天后得以受到各乡民众的祭拜，而打造凤船需要耗费的钱财甚多，可以看出当时人们对祭拜天后的重视程度；第五，当时的凤舟仪式并不一定是竞赛的形式，有可能仅仅是祭祀的形式——"奉天后，游各水乡"。

①王锡祺：《小方壶斋舆地丛钞》，杭州古籍书店，1985年，第240页。

然而，有一些信息似乎还不够清楚，比如"天后"是指谁？从时间、地点来推测，"天后"很有可能指妈祖。清代以来，妈祖信仰在中国广泛传播，尤其是在沿海地区。妈祖在清代有了"天后"这一封号，至于这个封号从何而来，说法不一，但能够确定的是，"天后"即妈祖这一说法早已约定俗成，深入人心。[②] 因此，凤舟与妈祖便关联起来了，从已知的文献可以知道，曾经在"五日"这一天，在广州的某些地方，凤舟被用于祭拜妈祖的仪式过程中。在这一时空当中，凤代表了一位神圣的女性，它承载着妈祖的神力，游走于各水乡之间，接受人们虔诚的香火敬拜。人们向它献上自己的祝福与祈求，祈

②中国广东、福建等沿海地区信徒多尊称妈祖为天后。《清代国家祭祀体系中的天后考述》《试论宋元明清时期天后信仰在香港地区的传播》等文章都对妈祖被叫作天后的来历进行了较为详细的阐释。

求出海航行的顺利，祈求自己的小舟能像妈祖所载的凤舟那样乘风破浪。它具有强大的社会凝聚功能，不仅让人们愿意聚敛万金来打造它，在它四处游走的过程中，也促进了人与人之间的沟通和交流。人们相信它，也喜欢它，它虽然神圣，但也与人亲近。也许真正的神物应像这种凤舟一样，高尚、神圣，又亲民、随和。

关于番禺地区凤舟习俗的记载寥寥无几，要完全理清楚端午节、凤舟与妈祖的关系，理清凤舟在番禺地区的发展脉络，还需要进一步的研究。就《屯村与神庙——番禺新桥乡天后崇拜的历史演变与当代复兴》这篇文章提供的信息来看①，如今在番禺的一些乡村，仍保留有制舟祭拜妈祖的传统，但所制造的是龙舟而不是凤舟。番禺地区还存在凤舟祭妈祖的仪式吗？是否还固定于端午？龙舟是否取代了凤舟？这些未解之谜仍在等待人们去探究。

（二）多元的洪湖凤舟节日

如今，荆楚地区的凤舟正在大放异彩，备受各界人士、专家学者的关注。2016年6月17—20日，由中国民间文艺家协会、湖北省民间文艺家协会、长江大学、华中师范大学、华东师范大学联合主办的“追本溯源，凤舟竞渡与端午文化”学术研讨会在湖北荆州召开，第一次对凤舟竞渡进行了公开的学术研讨。对荆楚凤舟竞渡的研究文章也不少，如游红霞、田兆元写的《凤舟的民俗叙事与文化建构——以湖北洪湖的凤舟文化为例》②，从叙事学的角度阐释了民俗叙事对凤舟端午节文化建构所起到的作用；王梦琪的《凤形象的女性化与洪湖凤舟文化》③以及韦秀玉、杨童的《洪湖凤舟竞渡：艺术史视角下的女性参与价值》④从女性的角度对凤舟竞渡进行研究；李义芳的《洪湖凤舟竞渡与水神祭祀》⑤则认为洪湖凤舟是祭祀水神的仪式等。它们从不同的角度分析了洪湖凤舟的来源、象征意

①朱光文：《屯村与神庙——番禺新桥乡天后崇拜的历史演变与当代复兴》，《岭南文史》2015年第4期。

②游红霞、田兆元：《凤舟的民俗叙事与文化建构——以湖北洪湖的凤舟文化为例》，《长江大学学报（社科版）》2016年第10期。

③王梦琪：《凤形象的女性化与洪湖凤舟文化》，《中国民族博览》2017年第11期。

④韦秀玉、杨童：《洪湖凤舟竞渡：艺术史视角下的女性参与价值》，《社会科学动态》2018年第6期。

⑤李义芳：《洪湖凤舟竞渡与水神祭祀》，《长江大学学报（社科版）》2016年第8期。

义和价值，而笔者认为凤舟的意义和功能是多重的。随着历史的发展，凤舟具有了权力、女性、祥瑞等象征，它被用于祭祀神灵、娱乐竞赛，或成为人们观赏的艺术品，这些丰富的内涵和功能很难被分割开来，它们构成一个整体，集合成如今的凤舟习俗。而反过来，意义非凡的凤舟在被人们重新发现之后，有关它的节日庆典也逐渐多起来，不再只出现于端午节。

洪湖凤舟最初只出现于某一特定的节日之中。上述所提及的《穆天子传》以及《小方壶斋舆地丛钞》中的两条文献表明早期的凤舟活动并不一定以竞赛这一种形式呈现。又如李义芳所说，洪湖凤舟竞渡最早与水神祭祀有关。因此，洪湖凤舟最初也许只是发挥祭祀的功能，可能没有竞赛的形式，而且祭祀通常讲究确切固定的时间，不会随意增添或变动。因此，最早的凤舟活动与节日的时间是单一的对应关系，凤舟的意义和功能也很明确——专门用于祭祀。后来，凤舟开始以竞赛等形式出现，但依然服务于祭祀功能。凤舟以竞赛的形式出现最早起源于何时尚不确定，但在南北朝时期梁宗懔所写的《荆楚岁时记》中已有记载：

> 是日竞渡，采杂药。按五月五日竞渡，俗为屈原投汨罗日，伤其死所，故并命舟楫以拯之。舸舟取其轻利，谓之飞凫。一自以为水车，一自以为水马，州将及土人，悉临水而观之。盖越人以舟为车，以楫为马也。邯郸淳曹娥碑云：五月五日，时迎伍君，逆涛而上，为水所淹，斯又东吴之俗，事在子胥，不关屈平也。越地传云起于越王勾践，不可详矣。是日竞采杂药，夏小正云，此日蓄药以蠲除毒气。[1]

①宗懔：《荆楚岁时记》，山西人民出版社，1987年，第106页。

此处所提“飞凫”即凤舟的原型“鸟舟”。这段文献资料表明，凤舟以竞渡的形式来纪念屈原或者伍子胥，甚至有传言说这一习俗与越王勾践有关，虽然祭祀的对象不一，但总归还是以祭祀为主要目的。之后随着人类社会文化的发展，凤舟这一以祭祀意义而存在的文化形式开始不断被人类再创造，为满足人类的各种目的而服务。

许多研究荆楚凤舟竞渡的文章都提到过一则关于洪湖乘凤村凤舟来历的传说。根据《洪湖县志》中的记载："光绪十五年（1889），为庆祝慈禧'归政'，光绪正式'亲政'，新堤举办灯会，龙灯在前，凤灯在后。慈禧得知，下令关押沔阳知州陈佑勤，杀州同张幼弟。"[①] 于是，新任沔阳知州在当年端午节来临时，命人打造了凤舟，躲避凤灯之祸，之后便形成了荆河"西岸划凤舟，东岸划龙舟"的习俗。这个看似平常的民间传说其实并不简单，可以从多个角度来分析光绪年间这一地区凤舟习俗的内涵。首先，这个传说是为慈禧树立个人权威服务的，慈禧不仅仅是一个统治者，而且还是一位女性，她对象征男女的"龙凤"符号十分敏感。在这个传说所叙述的时间里，凤舟是女性王权的象征。其次，从建构主义和民俗叙事的角度来看，按照游红霞、田兆元的观点，这一关于凤舟的传说，实际上是在通过语言叙事把凤舟建构成当地端午节的核心符号。最后，从解构主义的角度进行总结，这个传说实际上已经在消解凤舟祭祀的功能，消解了凤舟的神圣作用，而变成了民间的一种节日仪式。因此就以上这多种解释都已经充分说明凤舟的意义不再只局限于祭祀祈福了。

①洪湖市地方志编纂委员会:《洪湖县志》，武汉大学出版社，1992 年，第 7 页。

如今的洪湖乘凤村端午节凤舟竞渡已经成为当地端午节不可取代的习俗，并且它的意义已经变得十分丰富。凤舟竞渡包含描彩、出巢、祭祀、竞赛、凤还巢等环节，其中的祭祀环节会请道公来给凤舟进行开光仪式，这个仪式已经不单是为了祭拜某一位神或人，不单单是为了消灾祈福，这一祭祀的环节更是与竞赛这一环节直接相关，凤舟竞渡的输赢看似不重要，实际上体现着一村村民的精神风貌。所以，祭拜不再只是为了“神”，还是为了“人”。可以说，凤舟竞渡的过程既是神圣的，又是世俗的，人们一方面十分庄重地进行着祭祀的仪式，为它描彩，让它焕然一新，然后在端午节这天把它请出栖凤阁，并进行“杀鸡祭凤”的仪式，赛舟时还需树“斗”插柳枝以表示对神灵的敬畏，而另一方面，整个过程充满了娱乐性，人们可以尽情享受竞赛带来的快乐。这是一种仪式性的狂欢，在这场狂欢中，凤舟的多重意义交织并存。

凤舟旧的意义被消解（但没有消亡），新的意义又在不断产生。而在这个过程当中，与凤舟有关的节日也不再单一，历史的潮流正在孕育着新的节日产生。洪湖市的端午节有了新的名字，叫作“凤舟节”，直到2015年，当地已经举办了三届“凤舟节”，举办时间是每年农历的五月十五，即大端午，而每次举办的地点都不一样，1989年在大口桥，第二届在新堤二桥，第三届在乘风生态旅游码头。乘风村凤舟的出镜率越来越高，除了端午节之外，还参加了洪湖市荷花节、中国蓝田杯以及全国文化节的龙凤舟竞赛等。凤舟用于竞赛的功能越来越凸显，凤舟也逐渐成为这一地区文化形象的标识，政府运用它来进行文化宣传，企业运用它来进行旅游产业开发，村民甚至可以用它来发财致富。而凤舟的“家”——栖凤阁也成为观光旅游的景点。凤舟不再只出现于固定的时间和场合，它紧紧跟随人们的步伐，出现在人们需要它出现的时间中。

凤舟因节日而存在。“离开了特定的节日仪式场合，凤舟便失去了最基本的民俗文化意义和功能。”[1] 节日为凤舟提供了孕育其文化意义和功能的场合，同时凤舟意义和功能的多元也促进了新的节日产生。凤舟与节日相辅相成，相互交织，从而展现着洪湖一方水土的地域文化色彩，使洪湖凤舟节日成为地方标志性的文化活动。

①游红霞、田兆元：《凤舟的民俗叙事与文化建构——以湖北洪湖的凤舟文化为例》，《长江大学学报（社科版）》2016年第10期。

（三）广元女儿节凤舟赛

尽管凤的象征意义丰富，但只要说到凤，人们自然而然会联想到女性，仿佛女性与凤有着某种天然的联系。反过来，当提及女性的时候，也有可能会想起凤。1995 年，凤舟竞渡被引入四川广元女儿节的节日活动当中。

广元女儿节凤舟竞渡的历史虽然没有荆楚地区的端午凤舟竞渡悠久，但是其风采并不亚于“前辈”，充分融入了广元地域文化的重要元素之一，即当地的女性文化。要想清晰地了解凤舟在广元女儿节中的意义和功能，首先得了解清楚广元女儿节的“前世今生”。传说四川广元是武则天诞生之地，她的母亲梦见乌龙向她扑来，后来便怀孕生下了武则天。武则天成为女皇之后，为纪念她的诞辰日，即正月二十三日，当地就有了“妇女游河湾”的习俗。在这一天，当地女子成群结队到嘉陵江上荡舟玩乐，逛庙会，进行祭祀活动等。该习俗长期盛行不衰，直到“文化大革命”时期中止。1988 年广元市政府恢复了“妇女游河湾”活动，将每年 9 月 1 日定为“女儿节”并举行了盛大的“妇女游河湾”活动。然而，举行的时间已经发生了变化，从正月二十三日变为公历 9 月 1 日，这一日期上的简单改变，却悄然消解了纪念女皇的那层意义。但这个节日依然属于女性，在这个节日当中，女性依然是狂欢的主体。从 1995 年凤舟竞渡正式出现在广元女儿节的活动中后，广元女儿节的节日活动形式越来越丰富，如今除了有女子凤舟比赛，还有凤舟展示、舞狮舞龙、文艺表演以及商品展销活动等。2018 年广元女儿节凭借其丰富多彩的活动形式吸引了超过 13 万名女性参与，活动形式包括“女皇味道”特色小吃嘉年华、女儿节群星演唱会、盛大开幕式、万人相亲大会等。女儿节活动期间，每天都会上演关于女性的演出，比如广元女性风采秀、汉服女子成人礼等。女儿节已经发展为具有促进经济发展、加强政治宣传、推动文化交流作用的大型节日。

凤舟竞渡在广元女儿节中显示了怎样特殊的意义和价值呢？首先，凤舟竞渡的引入强化了女性在女儿节中的主体地位。凤舟竞渡将“妇女游河湾”活动从普通的女子游玩形式上升为竞赛的形式，而且能与男性进行龙凤舟比赛。女子从被动的舟船赛事观望群体转变成主动的参与群体，这充分凸显了女性的身份地位。其次，凤舟竞渡的引入象征着节日创新时代的到来。从 1995 年凤舟竞渡正式成为女儿节活动项目开始，形式固定的传统女儿节活动开始向形式异彩纷呈的现代女儿节活动转变，新鲜的元素被不断运用来吸引人们的眼球。凤舟竞渡在女儿节当中的运用正印证了时代的变迁，体现着节日在后现代社会所逐渐显现的娱乐化、商品化、个性化。最后，凤舟竞渡使凤元素开始融入到广元女儿节之中，形成新鲜独特的女儿节凤文化。在广元的女儿节中，不仅凤舟的造型变得丰富多样，而且凤的形象也出现在表演服饰、乐器、舞台背景等方面。凤逐渐成为广元女儿节中的标志性符号之一。

如今，那个被百姓纪念的“女皇大人”武则天也摇身一变，成为广元女儿节标志性的文化符号之一。她不仅存在于民间叙事之中，而且被人们在节日当中演绎，演员打扮成她的模样，歌手唱着有关她的歌谣，节日活动的名字也与她有关，比如“女皇味道”、女皇传奇文化游、武则天故里形象大使选拔活动等。她降格成为文化的符号，与“凤”这一符号在女儿节中相遇，一同诉说着女性的故事。

赛舟从来不是“龙”的专利，也不是男人的专利。有男有女才能构成人类社会，有龙有凤才能实现龙凤呈祥。凤舟与不同的节日相遇，被赋予了多重的文化意义。

二、《五凤朝阳》舞蹈

在广东省惠州市惠东县平海古城内的东门村，世世代代流传着一种十分独特的民间舞蹈，叫作《五凤朝阳》。据《惠东县志》记载："《五凤朝阳》舞，自明洪武十八年（1388），平海建成以来，凡逢节日、神诞、欢庆丰收，都应时表演，常演常新。表演者一人扮演刘海仙，在唢呐、锣鼓声中，飘然而出，边舞边唱：'吟吟唧唧耍金钱，四处留名刘海仙，宝贵丁财宝，庆贺太平年。'接着引领五凤缓缓登场，边跳边舞。五凤是凤凰、孔雀、鹓鸰、大鹏、山雉。五凤舞步轻盈，招式生动。"[①] 这一民间舞蹈虽然没有固定于一时一地演出，但也依托节日而存在。每逢春节、元宵、三月三、端午、重阳等传统节日以及一些其他隆重的节日，该村就会组织七名少男少女登台表演，其中一名男孩扮演刘海仙，身上穿着武服、手里拿着金钱和仙绋，一名女孩扮演凤旦，身上穿着仙女服饰、头戴凤冠、手持牡丹，其他五名少年则扮演五凤。当音乐和鞭炮声响起，刘海仙就边舞边唱地出场了，后面跟着亮相的是手持一长柄牡丹花的凤旦。五只凤鸟由刘海仙和凤旦引出来。等到凤旦位于舞台的中央时，五只凤鸟开始围着凤旦翩翩起舞，上演串凤、走凤、引凤等招式。首先是串凤，五只神鸟相互交叉易位，同时模仿鸟的各种动作，如振翅、飞舞、和鸣、追逐；其次上演走凤，五只凤紧紧相随，步伐整齐划一，前行时要先点脚，后盖步，以看似后退实则前进的步伐表示凤对人间的依恋之情；最后是引凤，刘海仙和凤旦引领五凤圆场，致谢观众，完成引凤的表演。这看似简单的舞蹈实际需要表演长达一个多小时。这个长达一个多小时的舞蹈到底具有什么意义？它在节日当中又发挥着怎样特殊的功能呢？

《五凤朝阳》舞蹈的一些显而易见的功能常常被人提及，

①惠东县地方志编纂委员会：《惠东县志》，中华书局，2003年，第797页。

例如为人们消灾祈福、祈求神仙保佑，祈求风调雨顺、国泰民安、五谷丰登等。而实际上，它的作用绝不仅限于此。这一舞蹈还具有承载宣传当地神话传说、教育儿童等诸多功能，而要发挥这些功能就需要依靠一些特殊而重大的时间节点，因此，《五凤朝阳》这一民间舞蹈才需要依托平海东门村的各种重大节日来传承发展，从而彰显并且发挥出它不同于其他民间舞蹈的意义和功能。也正是由于这些功能的发挥，才能让该舞蹈传承至今，才能让“凤”这一文化符号深深植根于当地人的文化活动之中，成为标志性的文化符号之一。

（一）《五凤朝阳》舞是当地刘海仙、凤凰神话传说的载体

对于该舞蹈的角色构成，人们不禁存在这样的疑问：刘海仙、凤旦和五凤的关系是什么？它们之间构成了怎样一个故事？据当地人介绍，平海古城建成之后，这个古城主要用来屯军、屯兵，所以这里的百姓和军官都比较严肃。有一天，刘海仙从这里经过，感觉这里的生活气氛太严肃，不够热闹，所以他就带着几只鸟儿挨家挨户进行表演，给人们送去吉祥和安康。

《五凤朝阳》舞蹈背后隐藏的传说，舞蹈中的角色并非简单随意的组合，而是一种文化的组合，各角色之间存在故事上的相关性。刘海仙为什么要带这几只鸟儿来送祝福呢？为什么是五凤而不是其他的鸟儿呢？深入思考这些问题，就会发现，该舞蹈是道教文化与中国图腾文化结合的产物，是道教信仰对中国原始信仰的借鉴与利用，同时也是道教仙话与中国神话结合的产物。刘海仙何许人也？刘海仙即刘海蟾，是道教文化系统中的人物，传说他被正阳子钟离权点化后辞官，寻求仙道，遇吕洞宾，被授予丹书，从此归隐代州凤凰山。关于刘海蟾有一个十分有名的民间传说叫作《刘海戏金蟾》，大致讲述的是：刘海蟾原名刘操，后弃官从道改名刘海。他在某日对着荷

塘修炼时，看见一只千年蟾蜍不断口吐金莲，于是心生一计，趁金蟾吐金莲时，奋身而起，将金莲吞入腹中，顿时感到身轻如燕，随即修炼成仙。为感谢蟾蜍的助力，他便把名字改为刘海蟾，取道号为海蟾子。后来，该传说中的金莲演变成了金元宝，刘海蟾也就成了人们心目中的财神。所以，在《五凤朝阳》舞中，刘海仙手里要拿着金钱和仙绋。那“五凤”又有什么来历呢？关于“五凤”的神话传说，没有一个完整的体系，只散见于各种古代文献之中，如《小学绀珠》卷十记载：五凤：“赤者凤、黄者鹓鸰、青者鸾、紫者鸑鷟，白者鹄。”[①]《山海经·南山经》中载：“（南禺之山）佐水出焉，而东南流注于海，有凤皇、鹓鸰。”[②] 据当地文献，《五凤朝阳》舞中的“五凤”是凤凰、孔雀、鹓鸰、大鹏、山雉，似乎并没有与历史文献一一对应，但是观察“五凤”服饰颜色会发现，恰好对应的是红、黄、青、紫、白五种颜色，因此，该“五凤”与神话中的“五凤”应该是一脉相承的。

①王应麟：《小学绀珠》，商务印书馆，1955 年，第 418 页。

②袁珂：《山海经校注》，上海古籍出版社，1980 年，第 19 页。

刘海仙属于道教仙话体系，而“五凤”属于中国远古神话体系，二者组合在一起，并且以刘海仙为主导，引领“五凤”给人们送吉祥，因此，《五凤朝阳》不只是一支吉祥舞，还是一支“故事”舞，它以舞蹈的形式保存了一个由道教仙话与远古神话结合而成的民间传说。平日里，这个传说并不会轻易被人讲述，因为故事需要在特定的场合、时间去讲述，才能发挥它相应的作用。所以，只有在各种重大节日之中，借着传递美好祝愿的机会，这些传说才以舞蹈的形式展现出来，使这个民间传说能代代相传下去。因此，节日给了《五凤朝阳》舞蹈展示的特殊时间，同时也让刘海仙传说、“五凤”的神话拥有了传播的时间。同时，当人们深入探究了《五凤朝阳》背后的故事内涵，便能够明白该舞蹈在当地节日活动中的重要价值，从而更加深入理解凤元素在当地节日文化活动中的突出地位和价值，这对打造当地节日文化品牌、推动节日传承都具有启发性的作用。

（二）《五凤朝阳》舞对当地青少年具有独特的教育功能

《五凤朝阳》舞有一个十分鲜明的特点，那就是整个舞蹈是以青少年为主角来完成的。传承人黄广河说道：“凤是很活泼的，凤旦转起来很漂亮，年龄一般八到十岁，最多三年换一次。到长大了表演时他就感到不自然。”这个舞蹈像是为青少年量身定制的，孩子们在跳舞的过程中，仿佛真的变成一只只活泼的小凤凰。民间舞蹈作为一种民间艺术形式，本身就具有一定的教育作用。由于《五凤朝阳》舞的传承更加面向青少年群体，使得它的教育作用更加具有针对性。《五凤朝阳》舞教育功能的发挥同样也需要特定的时间节点，节日便成为让孩子们能“寓教于乐”的好时机。那么，《五凤朝阳》舞究竟具有怎样独特的教育功能？又是怎样在节日当中发挥这些功能的呢？

它能帮助青少年从小建立对“凤”文化符号的认知。为了让孩子从小熟悉中华文化以及一些文化符号所包含的精神内涵，只简单地喊出类似“龙凤是我们中华民族的精神象征”这样的口号，显然有些苍白无力。孩子只有在具体的文化活动中才能亲身感受到“凤”的内在价值，才能更深地认识该舞蹈中的“五凤”形象。青少年以演员的身份充分参与《五凤朝阳》舞蹈，转变了他们作为观众这一旁观者的身份，能让他们深度体验凤舞的魅力。而在各种重大节日当中，浓厚的节日氛围更烘托出《五凤朝阳》舞的魅力，也能让孩子更加充分地感受到《五凤朝阳》舞在自己民族或社群中的重要地位。

第五章

凤彩鸾章：凤与民间文学

凤是传说中的神鸟，是口口相传的瑞兽，是众所周知的美丽与吉祥的象征。从古至今，它的身影在作家文学中多有出现。与之相对的，凤在民间口头文学作品如神话、传说、民间故事、俗语谚语中也频频出现，在民间文学领域里同样构成了一道靓丽的风景线。

第一节 凤与神话

英国社会人类学家马林诺夫斯基（Malinowski）认为，神话是无文字社会中传授集体生活秘诀和集体生活价值观的表达方式。基于不同的文化主体，神话衍生出了许多不同的形态。[①] 该观点阐述了神话的社会意义。从某种意义上来说，神话是早期社会中传递生活技巧和生活手段的钥匙。中国民俗学之父钟敬文则为神话下了这样的定义：神话产生的阶段是原始社会和阶级社会初期。它是当时人们基于自身的原始思维，不自觉地将自然和社会生活加以形象化而形成的一种幻想神奇的故事。神话最主要的特质，是对于自然现象和社会文化现象起源的解释。[②] 至于神话研究，米歇尔·福柯（Michel

①[英]马林诺夫斯基：《巫术科学宗教与神话》，李安宅译，中国民间文艺出版社，1986年，第119页。

②钟敬文：《民俗学概论》，上海文艺出版社，1998年，第241页。

Foucault）指出了一个相当重要的方面，重要的是讲述神话的年代，而不是神话所讲述的年代。该观点侧重于时间对于神话研究的作用。当人们述说神话的时候，时间是不可忽略的存在。随着时间的发展，人们的思维方式发生改变，产生于人类社会的神话也是如此。中国神话在历史发展中不可避免地成为历史或者是宗教的来源，而神话的本质则在时间的迷雾中看不分明了。

在人们的日常经验之中，龙素来被认为是中华文明的代表性图腾。在新石器时期的器皿上，人们找到了大量与龙相关或相似的图画；秦汉以来，帝王们则多以龙自居；在民间文化中，龙一方面代表着喜悦与吉祥，另一方面也被认为是能为民间带来雨水的神灵。值得注意的是，同样是作为图腾的凤，却一直被龙的身影所遮盖。相对于龙神话的数量来说，凤神话的数量较少，民间故事也不算多。甚至于对凤文化的研究也不多。这是否意味着凤文化缺乏价值呢？答案当然是否定的。凤文化在民间文化中依然占有突出地位。其神话产生年代久远，其故事分布范围广泛，其戏剧由古代传唱到如今。更值得注意的是，凤文化的影响范围不限于汉族。直到现在，在少数民族神话里，凤神话依然有一定的数量。它们似乎在向今天的人们揭示着另一条暗藏在岁月长河里的文明之路。

一、凤神话的源流

凤神话的产生并不是一蹴而就的。神话是人们对原始社会不能解释的现象的拟人化。凤神话亦是如此。凤崇拜的前身是鸟崇拜。鸟崇拜是普遍存在的原始崇拜之一。在中国，以鸟为图腾的原始部落为数不少，地理范围广泛，衍生出丰富多彩的鸟神话。随着时间的发展，生产力不断增加，民族互相交融，最终出现了承载着诸多鸟类图腾的凤神话。

鸟神话是中国神话的重要组成部分，在空间上分布广泛，东部沿海地区和湖北地区均有类似的神话。从时间上来说，鸟神话源远流长。在没有产生文字的时期，鸟神话以图案的形式出现在人们日常使用的器皿上。在出现文字之后，春秋时期的《诗经》中已经有与鸟神话相关的记载，至于《左传》《山海经》等亦有相似记载，及至南朝时期的《荆楚岁时记》等，鸟神话依然时常出现。

在未能产生文字的图像时代，原始器具上的鸟图案成为人们一探古老鸟神话的线索。在距今七千年的河姆渡文化遗址里，出土了一件骨匕，上面的图案是中间一个圆圈，两侧装饰着鸟的图案。历代研究者对于该图案的意义争论不休。王士伦认为："这种图案表示着异首连体，并且中间刻有太阳，可能表示鸟是空中神秘的动物，是介乎人天之间的神使；或者与鸟生的传说有关；连体意味着双鸟交感繁殖。"[①] 毫无疑问的是，在河姆渡文化时期，已经出现了鸟崇拜，甚至是鸟图腾。良渚文化是分布在中国东南地区太湖流域的新石器时期文化。在该文化遗址所出土的文物中，有一些跟鸟有关的刻纹，这些图案一般都是平台之上站着一只鸟，台座的腹部有着类似太阳的形状，下面还有个月亮。在台北故宫博物院所藏的良渚文化玉琮上也有着类似的图案。董楚平大胆地提出，这些图案蕴含了一个母题，其为"鸟祖卵生日月山"。除此之外，在仰韶文化发现的彩陶上有鸟类的装饰图案，大汶口文化遗址出土了一件金鸟负日纹饰的青铜器。这些纹饰的出现说明鸟崇拜在当时的社会生活中所占的分量。然而，鸟神话涉及的地域范围较大，各地所产生的鸟神话内容不尽相同，蕴含着不同的文化意义。

①王士伦：《越国鸟图腾和鸟崇拜的若干问题》，《国际百越文化研究》，中国社会科学出版社，1994年。

（一）天命玄鸟，降而生商

商周时期，青铜大盛，鸟图案多次出现在商周时期的青铜器上。甚至于在王朝的诞生神话中出现了鸟类的身影。《诗经》中便有着这样的记载，“天命玄鸟，降而生商”[①]。这简单的两句就概括了一个与商朝诞生有关的鸟神话。在随后出现的《楚辞》中，这一鸟神话的情节又有了进一步的发展，出现了具体的人名，“简狄在台，喾何宜？玄鸟致贻，女何喜？”[②]简狄被认为是商的始祖，降而生商则被扩展为玄鸟为她送来了聘礼。战国末期，《吕氏春秋》上所记载的版本对这个故事又有补充：“有娀氏有二佚女，为之九成之台，饮食必以鼓。帝令燕往视之，鸣若谥隘。二女爱而争搏之，覆以玉筐。少选，发而视之，燕遗二卵，北飞，遂不反。二女作歌，一终曰：‘燕燕往飞’，实始作为北音。”[③]在这里，降而生商故事被改写为帝命令燕子去找有娀氏的二位女儿，燕子飞去之后遗留下来两只燕卵。与之前的故事差别很大，消除了这个故事的情爱主题，而将此改写为音乐的起源神话。随着时间的推移，《史记》所记载的版本相较于前代文本又有新变化：“殷契，母曰简狄，有娀氏之女，为帝喾次妃。三人行浴，见玄鸟堕其卵，简狄取吞之，因孕生契。契长而佐禹治水有功。帝舜乃命契曰：‘百姓不亲，五品不训，汝为司徒而敬敷五教，五教在宽。’封于商，赐姓子氏。契兴于唐、虞、大禹之际，功业著于百姓，百姓以平。”[④]《史记》的记载充满神异的色彩，简狄吃了玄鸟的蛋，为什么就能生出商朝的祖先呢？这一记载并不是一个被科学所验证的事实，而是一则原始先民为了解释商朝来源的神话。从《诗经》到《史记》，“玄鸟生商”这个神话逐渐地被丰富。《史记》的记载成为后人最为熟悉的记载之一。从这些资料中，可以发现玄鸟与商代的产生和发展有着紧密的关联。

“玄鸟”究竟是什么，学者们对此有多种说法。周朝时期的人坚称玄鸟是燕子，《吕氏春秋》的记载更是直接把玄鸟写作燕子。闻一多赞同这种说法：“以玄鸟为凤皇，岂屈子偶误，抑传闻异词乎？尝试考之，盖玄鸟即凤皇，非屈子之误，亦非

①程俊英：《诗经译注》，上海古籍出版社，2004年，第563页。

②《楚辞》，林家俪译注：中华书局，2009年，第73页。

③《吕氏春秋》，张双棣、张万彬、殷国光，等译注，中华书局，2007年，第65页。

④司马迁：《史记》，中华书局，2006年，第15页。

传说有异也。玄鸟者燕也。《尔雅·释鸟》曰：‘鷗，凤，其雌皇。’燕鷗音同，燕之通鷗，犹经传以宴燕谳通用，金文燕国字作匽若郾也。鷗即燕。是凤皇即玄鸟。”[①]但是考古发掘则认为商朝人崇拜的是鸱鸮。1976年，考古学者发现了妇好墓，出土了大量具有研究价值的文物。其中，有凤纹的器具只有两件，并出土了两件鸮尊。这两件鸮尊昂首挺立，显示出了无比的自信。鸮尊上装饰着龙的图案，龙在殷商时期同样受到崇拜。但是在此处，龙成为盖上的装饰之一，其形态甚小。叶舒宪也推崇该观点：“依据殷墟出土商代文物的多种猫头鹰造形，还原到史前鸮女神崇拜的大背景中，对玄鸟即鸱鸮的论断做进一步的视觉说服证明。再发挥第三重证据特有的解释力，根据鬼车、轱辘鸟等民间别名，诠释其得名原因是鸱鸮会三百六十度旋转的头和眼睛，从而落实到玄鸟之‘玄’的本义即镟、旋转。”[②]除此之外，关于玄鸟的原型有着多种说法。郑杰祥认为玄鸟的原型是一只雄鸡。李启良认为：“玄鸟即天鸟，犹如玄黄即天地，玄机即天机。”与此同时，玄鸟的颜色为纯黑色，与具有白色羽毛的燕子不甚符合。杨国强则认为，玄鸟的原型是大鹏。即便如今对于鸟的种类有所争议，但是玄鸟是“凤”的前身已经是被公认的事实。

（二）岁时神话

神话是如何产生的呢？哈里森认为，原始宗教仪式是从现实生活中演变出来的，而艺术并非直接源于生活，乃是源于仪式。至于神话，则来源于对民族仪式的叙述和解释。[③]随着时间的不断向前，神灵成为人们重建祭祀必要性的有利手段之一。神灵通过仪式进入到人们的生活之中，并最终固定下来，成为了传统的一部分。而对于这种过程的解释，有的情况下被称为神话。在此，《左传》中的一条记载可以作为参考：“昔者黄帝氏以云纪，故为云师而云名；炎帝氏以火纪，故为火师而

①孙党伯：《闻一多全集》，湖北人民出版社，1993年，第269—270页。

②叶舒宪：《玄鸟原型的图像学探源——六论“四重证据法”的知识考古范式》，《民族艺术》2009年第3期。

③［英］简·艾伦·哈里森：《古代艺术与仪式》，刘宗迪译，生活·读书·新知三联书店，2008年，第2页。

火名；共工氏以水纪，故为水师而水名；大皞氏以龙纪，故为龙师而龙名。我高祖少皞挚之立也，凤鸟适至，故纪于鸟，为鸟师而鸟名：凤鸟氏，历正也；玄鸟氏，司分者也；伯赵氏，司至者也；青鸟氏，司启者也；丹鸟氏，司闭者也。祝鸠氏，司徒也；雎鸠氏，司马也；鸤鸠氏，司空也；爽鸠氏，司寇也；鹘鸠氏，司事也。五鸠，鸠民者也。五雉为五工正，利器用、正度量，夷民者也。”杜预注云：“凤鸟知天时，故以名历正之官。”在这里，凤鸟氏独为历正；为历正者司掌历法，居于官员之上。所谓分、至、启、闭都是掌握时令的官员。《汉书·律历志》载：“时所以记启闭也。月所以纪分至也。启闭者，节也。分至者，中也。”[1]春分、秋分、夏至、冬至即为二分二至；立春、立夏、立冬、立秋则为二启二闭。以鸟命名百官，有可能并不是实指，而是指鸟类是时节的象征。政治将这种象征列入到了百官制度之中，实现了某种意义上仪式的诞生，而神话，正是从人们对于仪式的解释而来。

①（东汉）班固：《汉书》，中华书局，2007年，第597页。

最初的凤，并不是一种特殊的鸟类，而更类似于知时之鸟，是时令物候的一种概括。古人见候鸟往返于南北之间，又以其作为季节更迭的有效参照物，便认为鸟类是时间的象征。而凤成为象征时间的鸟类的统一体。与现代不同，远古时期的时间和天气是被上层社会所垄断的知识。商人的甲骨卜辞中就有关于天气占卜的记载，不可预知的风、雨、雷、雹成为商人占卜的重要组成部分之一。巫史更是凭借对于时间和气候的观察在人世间攫取了绝大部分的公共权力。和巫史相对应的，天空中飞翔的群鸟被认为是天帝旁知道岁月的使者，它们比人世间的人更能敏锐地察觉到天时的变化。人们通过对它们的观察了解自然季节的变化，指导生产行为。凤也因为其代表的授时意义，成为王朝借以证明自身统治正当性的神兽之一，并随着时间的更迭，形象更加饱满清晰。

值得注意的是，凤与太阳发生联系。在《禹贡》中，凤鸟被称为“阳鸟”。在《鹖冠子·度万》里说：“凤凰者，鹑火之禽，阳之精也。”[①] 这一过程也少不了岁时制度的身影。

①杨建华：《吴越凤鸟文化论》，《浙江学刊》1990年第1期。

（三）吴越神话

鸟崇拜与吴越文化联系紧密。吴越地区保留下来丰富多彩的鸟神话。这些神话具有鲜明的地方色彩，也是凤神话的一大来源。其经典神话如“羽民”。《山海经·海外南经》云：“羽民国在其东南，其为人长头，身生羽。”[②] 据考证，羽民国应该在今天的浙江、江苏一带。在此出土的文物中也有羽冠的图像，这也说明了当时吴越地区已经存在有鸟崇拜。吴越典籍载有“鸟田”一说，《论衡·偶会篇》有云：“雁鹄集于会稽，去避碣石之寒，来遭民田之毕，蹈履民田，啄食草粮。”[③] 又《书虚篇》说：“会稽众鸟所居……鸟自食苹，土蹶草尽，若耕田状。壤靡泥易，人随种之。”[④] 鸟田这一神话事实上赋予了鸟类神的色彩，提高了鸟类在日常生活中的地位。在集体无意识的沉淀下，鸟类最终演变成了吴越社会中的神。

②《山海经》，方韬译注，中华书局，2009年，第177页。

③黄晖：《论衡校释》，中华书局，1974年，第99页。

④黄晖：《论衡校释》，中华书局，1974年，第176页。

二、典籍中的凤神话

神话作为民间文学的一部分，在其产生之后，成为诗歌的一部分，成为历史的一部分，成为小说的一部分。茅盾对此有着自己的理解：中国神话实由三项学者保存下若干零星材料：一是中国的古代哲学家，他们把神话之带有解释自然现象之一部分，作为他们的宇宙论的引证；一是文学家，他们把唯美的和解释的神话都应用在作品内，使作品美丽而有梦幻的色彩；一是历史学家，他们也像外国的历史学家一般，认神话中一部分为历史材料而加以保存。[⑤] 随着时间的不断推移，神话的原始面貌早已无人知晓。但是细细检索着我国历史典籍，依然能够发现“凤神话”存在的痕迹。

⑤茅盾：《神话研究》，百花文艺出版社，1997年，第21页。

（一）凤的形态和生活环境

凤神话来源于鸟神话。在古代社会，科技不甚发达。人们对凤的形态认识各有不同。《古文观止》中的《宋玉对楚王问》曰：“故鸟有凤而鱼有鲲。凤皇上击九千里，绝云霓，负苍天，足乱浮云，翱翔乎杳冥之上。夫蕃篱之鷃，岂能与之料天地之高哉？鲲鱼朝发昆仑之墟，暴鬐于碣石，暮宿于孟诸。夫尺泽之鲵，岂能与之量江海之大哉？”[①] 认为凤类似于鱼中之鲲，将凤描述为类似大鹏的鸟类。《山海经》则记载了当时人对凤的想象，如“又东五百里，曰丹穴之山，其上多金玉。丹水出焉，而南流注于渤海。有鸟焉，其状如鸡，五采而文，名曰凤皇，首文曰德，翼文曰义，背文曰礼，膺文曰仁，腹文曰信。是鸟也，饮食自然，自歌自舞，见则天下安宁”。[②] 又如“轩辕之国在此穷山之际，其不寿者八百岁。在女子国北。人面蛇身，尾交首上。穷山在其北，不敢西射，畏轩辕之丘。在轩辕国北。其丘方，四蛇相绕。此诸夭之野，鸾鸟自歌，凤鸟自舞；凤皇卵，民食之；甘露，民饮之，所欲自从也。百兽相与群居。在四蛇北。其人两手操卵食之，两鸟居前导之”。[③] 还有“有五采鸟三名：一曰皇鸟，一曰鸾鸟，一曰凤鸟”。[④] 甚至于“开明西有凤皇、鸾鸟，皆戴蛇践蛇，膺有赤蛇”。[⑤] 这些记载展示了古人概念中凤的形态和生活环境，凤或出于丹穴之山，或在诸夭之野，又或是在开明西处。这些地点都是人类无法到达的，这与凤的神兽身份构成了呼应，从某种意义上增添了凤的神话色彩。

①吴楚材：《古文观止》，中华书局，1991 年，第 50 页。

②《山海经》，方韬译注，中华书局，2009 年，第 1 页。

③《山海经》，方韬译注，中华书局，2009 年，第 184 页。

④《山海经》，方韬译注，中华书局，2009 年，第 247 页。

⑤《山海经》，方韬译注，中华书局，2009 年，第 209 页。

值得注意的是，古代文献中，凤并非指同一种鸟类。《禽经》载：“首翼赤曰丹凤，青曰羽翔，白曰化翼，玄曰阴翥，黄曰土符。”《庄子》也说：“南方有鸟，其名为鹓鶵，子知之乎？夫鹓鶵发于南海，而飞于北海，非梧桐不止，非练实不食，非醴泉不饮。于是鸱得腐鼠，鹓鶵过之，仰而视之曰：

'吓！'"[1]其中的鹓鸰，即是凤凰。亦有丹鸟、火鸟、�鸡、威凤等诸多说法。这些现象的存在，是由当时人的思维方式决定的。古代人对于自然的认识有限，一方面，他们认为普通的鸟类是神灵的化身；另一方面，当他们碰到不认识的鸟类时，以神灵称之便成了一件自然而然的事情。如此多别称的出现，实际上是古人对于自然环境认识的曲折反应，随着时间的推移，古人对于鸟类认识深入，别称会逐渐归一，凤也成为一个特指的词语。

①《庄子》，孙通海译注，中华书局，2007年，第242页。

（二）凤与音乐

凤与音乐是绕不开的话题。《吕氏春秋》记载："昔黄帝令伶伦作为律。伶伦自大夏之西，乃之阮隃之阴，取竹于嶰溪之谷，以生空窍厚钧者，断两节间，其长三寸九分，而吹之以为黄钟之宫，吹曰舍少。次制十二筒，以之阮隃之下，听凤皇之鸣，以别十二律。其雄鸣为六，雌鸣亦六，以比黄钟之宫适合。黄钟之宫皆可以生之，故曰'黄钟之宫，律吕之本'。黄帝又命伶伦与荣将铸十二钟，以和五音，以施英韶，以仲春之月乙卯之日日在奎始奏之，命之曰咸池。"[2]刘向的《说苑》："夫凤……晨鸣曰发明，昼鸣曰保长，飞鸣曰上翔，集鸣曰归昌。翼挟义，衷抱忠，足履正，尾系武。小声合金，大音合鼓。"[3]当时的人们相信，音乐来源于凤鸣叫声，人们模仿着鸟类的鸣叫创造出了音乐。除了音乐，乐器的出现同样有赖于凤鸣的影响。在神话之中，女娲和伏羲依照着凤鸣制作乐器。如《吕氏春秋》："飞龙作乐，效八风之音。"《山海经·大荒西经》："祝融生太子长琴，是处榣山，始作乐风。有五采鸟三名：一曰皇鸟，一曰鸾鸟，一曰凤鸟。"[4]《风俗通·声音》："箫韶九成，凤皇来仪，其形参差，象凤之翼，十管，长一尺。"[5]这些记载从乐器的起源到乐器的形态，都有着凤的身影，都受到了凤的影响。这一思想在中国历史上影响深远。

②许维遹：《吕氏春秋集释》，中华书局，2009年，第120—123页。

③王瑛、王天海：《说苑全译》，贵州人民出版社，1990年，第758页。

④《山海经》，方韬译注，中华书局，2009年，第247页。

⑤王利器：《风俗通义校注》，中华书局，1981年，第267页。

这些神话的产生与巫术有着绕不开的关系。自然界中的风拥有巨大的威力，受到世人的崇拜。在殷墟卜辞中出现了多条与风有关的占卜信息。风能够为人类带来收获，也会带来灾难。对于原始人类来说，他们一方面用祭祀来取悦风神，一方面通过作乐这种方式，希望赋予巫师控制风的力量。《吕氏春秋·古乐》：“昔古朱襄氏之治天下也，多风而阳气畜积，万物散解，果实不成，故士达作为五弦瑟，以来阴气，以定群生。”[①] 这些思想可能在如今看起来很荒谬，却是一种逻辑自洽的巫术思维。在先民的思考中，他们通过模仿风的声音创造音乐，本质上是一个巫术过程。与此同时，图像中凤纹的出现通常伴随着云雷纹。这一图像提示人们，风的产生可能是源于原始人类对于凤的想象。郭沫若对此也有类似的判断，认为“古人盖以凤为风神”。在这种联系下，作为音乐产生源头的风声被演变成了凤的鸣叫声。在神话里，能够产生音乐的乐器也与凤关系紧密。

①许维遹：《吕氏春秋集释》，中华书局，2009年，第118页。

随着时间的发展，音乐开始被赋予了政治意义。《山海经》中有着与此相关的记录：“鸾鸟自歌，凤鸟自舞；凤皇卵，民食之；甘露，民饮之，所欲自从也。”[②] 在原始社会，鸟类成为人们心中吉祥如意的象征。既然如此，依照鸟类鸣叫而产生的音乐也成为人们希望天下太平、天下大治的心愿载体。及至明代《周礼全经释原》：“黄帝，圣人也，定律作乐何不自用？其神知而为之，乃命官听凤鸣以为乐本者。盖以凤为神鸟，具天地中和之神气，故其声也，得天地中和之声也。惟黄帝伶伦乃能知之。故准以制器作乐，张于洞庭之野。……以其本凤鸣而制律吕，神之至也。”凤凰之鸣最终变成了政治清明、天人和谐的象征。

②《山海经》，方韬译注，中华书局，2009年，第184页。

（三）凤与文学

汉代之后，凤的形象更加广泛地出现在了文学作品里。李世民在其《威凤赋》中，以凤喻己：“有一威凤，憩翮朝阳。晨游紫雾，夕饮元霜。资长风以举翰，戾天衢而远翔。西翥则烟氛阒色，东飞则日月腾光。化垂鹏于北裔，训群鸟于南荒。弭乱世而方降，膺明时而自彰。”[1] 凤领百官，正如皇帝统率群臣。王勃则在《寒梧栖凤赋》中以凤喻贤才：“凤则丹穴之灵雏。理符有契，谁言则孤？游必有方，哂南飞之惊鹊；音能中吕，嗟入夜之啼乌。况其灵光萧散，节物凄清，疏叶半殒，高歌和鸣。之鸟也，将托其宿止；之人也，焉知乎此情？月照孤影，风传暮声。将振耀其五色，似箫韶之九成。九成则那，率舞而下。怀彼众会，罔知淳化。虽璧沼可饮，更能适于醴泉；虽琼林可栖，复相巡于竹榭。念是欲往，敢忘昼夜？苟安安而能迁，我则思其不暇。故当披拂寒梧，翻然一发，自此西序，言投北阙。若用之衔诏，冀宣命于轩阶；若使之游池，庶承恩于岁月。可谓择木而俟处，卜居而后歇。岂徒比迹于四灵，常栖栖而没没？”[2] 全文以凤之高洁起笔，又极写凤凰声音之美丽。凤栖于梧桐之上，而世人缺明主，如凤之无梧桐也。

①简宗梧、李时铭：《全唐赋》，里仁书局，2011年，第24页。

②简宗梧、李时铭：《全唐赋》，里仁书局，2011年，第24页。

中国的志怪小说在魏晋时期多有出现，凤神话作为怪异之事的一部分出现在了志怪小说之中。干宝所著的《搜神记》中就有与凤相关的歌谣：“南山有乌，北山张罗，乌既高飞，罗将奈何！意欲从君，谗言孔多，悲结生疾，没命黄垆。命之不造，冤如之何！羽族之长，名为凤凰。一日失雄，三年感伤，虽有众鸟，不为匹双。故现鄙姿，逢君辉光，身远心近，何当暂忘！”[3] 这段歌谣出现在《紫玉》之中。凤凰是羽族的首领，一日失雄，三年哀伤。以鸟类的感情比喻人类的爱情。

③（晋）干宝：《搜神记》，汪绍楹校注，中华书局，1979年，第395页。

唐诗是中国文学的一大高峰。“凤”的意象频频出现在诗歌之中。李峤的诗《凤》：“有鸟居丹穴，其名曰凤凰。九苞应灵瑞，五色成文章。屡向秦楼侧，频过洛水阳。鸣岐今日见，阿阁伫来翔。”描写了对凤凰到来的美好期盼。伊梦昌的

《凤》则云："好是山家凤，歌成非楚鸡。毫光洒风雨，纹彩动云霓。竹实不得饱，桐孙何足栖。岐阳今好去，律吕正凄凄。"先写凤之美貌，随后写凤之不遇于人，只能用凄凄的音乐为它送别。李白的《古风五十九·其四》中写："凤飞九千仞，五章备彩珍。衔书且虚归，空入周与秦。"凤飞高处，衔书而归，归于周秦。凤神话在诗词中得以再造，并随着诗词流传了下来。

（四）现代的凤神话

现代的农村依然流传着跟凤有关的神话。在河南省新郑市流传着《凤凰衔书》的神话。这一神话属于文化起源神话。其具体内容为："黄帝时期，黄帝派遣仓颉去寻找如何记录事件的方法。仓颉日思夜想，困于房间而无所得。一日，黄帝前来看他，安慰仓颉总会有办法。当他们出门的时候，天边飞来一只凤凰，这时候有一片叶子飘落在地上，上面有个蹄子的印子。黄帝和仓颉琢磨许久都不知道。这时候，他们遇到了一位老人，这位老人一眼就看出了蹄印属于哪种动物。仓颉由此得到启发，观察山川河流、飞禽走兽并捕捉它们的特点画成纹样。黄帝将这些图样公布出来，这就是文字的起源。"[①] 在陕西省宝鸡市有着《黄帝请凤后》的神话。具体内容为："黄帝在和蚩尤大战的时候，几十万大军被浓雾包围，分不清楚方向。他不得不到处寻求贤良。有一天，黄帝正在自己的军营门前苦苦思索破敌之法。突然间，看到了一只凤凰。黄帝取弓箭向凤凰射去，没想到凤凰并没有被射下来，反倒是双翅一展带着黄帝飞上了半空之中，最终一直飞到了陕西，降落在一块光芒四射的石头上。黄帝从凤凰上爬下来之后，看到了这块在散发光芒的石头，断定此处必定会有贤人居住。并最终在此处请来了风后，帮助他在战争里取得了胜利。"[②] 跟古代神话相比，这些现代神话情节更加曲折，篇幅更长。凤凰穿越时空，一直到现

①《中国民间故事集成》全国编辑委员会、《中国民间故事集成·河南卷》编辑委员会：《中国民间故事集成·河南卷》，中国ISBN中心，2001年，第34页。

②《中国民间文学集成》全国编辑委员会、《中国民间文学集成·陕西卷》编辑委员会：《中国民间故事集成·陕西卷》，中国ISBN中心，1996年，第15—16页。

在都被人们所信奉着。

综上所述，凤以其富有魅力的外貌、奇异神妙的特性、具有积极特性的象征意味，成为了史家和文学家热衷于书写的题材之一，为我国的文学增加了更多的奇幻色彩。然而，作品中对于凤自身的描写却并不多，凤在作品中一般会被当作奇闻怪谈记载，又或是成为文人们祈求政治清明的缩影。与龙相比，凤与人的恩恩怨怨较为罕见。中国人一直热衷于把凤定义为神兽，而缺乏对它的人格化描写。

汉族并不是尊崇凤的唯一民族。少数民族神话里也同样有着跟凤有关的神话，对于凤的信仰和崇拜更是进入了少数民族的日常生活当中。少数民族凤崇拜历史悠久，人群信仰极为普遍，在生活中有着多种表现形式。

畲族是生活在中国南方的少数民族之一。畲族认为自己的发源地是广东省潮州市凤凰山。一千多年以来，畲民不畏艰辛险阻，四处迁徙，并创造了丰富多彩的民族文化。在畲族的日常生活中，畲族妇女的头发被叫作“凤凰髻”，衣服被称为“凤凰装”，婚礼中要有“凤凰蛋”，还喜欢在厅堂里贴“凤凰到此”的横幅，祖先居住的地方叫作“凤凰山”。关于畲族的起源，在浙江地区流传着这样的神话。相传广东潮州附近有座凤凰山，山形像凤凰。有一天，天上飞来一只金凤凰，凤凰吃了白玛瑙，产下一颗凤凰蛋，凤凰蛋里蹦出个胖娃娃，取名为凤哥，并由百鸟抚育成人，后来朝着太阳升起的东方走去，打死大蟒，打败猛虎，历尽艰险，娶龙女为妻，繁衍的后代即为畲族子孙。这些神话并非历史真实，但是显示了凤凰在畲族人民心中的地位。

水族同样是生活在中国南方的少数民族，主要聚居在黔桂交界的龙江、都柳江上游地带。在水语中，凤凰被称作“傩缅”，意为一种高雅美丽的神鸟。水族神话《十二个仙蛋》说天神派第九个女儿牙线降到大地，她走遍千山万岭看不到一个人，十分苦恼，决心要为大地繁衍人烟，创造万物。在月神婆婆的帮助下，她在月亮山受到雨神的洗礼，身怀有孕。后来生下十二个仙蛋，经过孵化，变成十二种动物，即人、雷、龙、虎、蛇、熊、猴、牛、马、猪、狗、凤凰等。不久后这些动物长大了，个个想争做大哥，好管天下。牙线无法，只好出两道难题来考试：一是谁先长牙齿；二是谁先找到火种，谁就当大哥、管天下。当然，还是人最聪明，先长牙齿又先找到火种，就当上了大哥。但其他动物都不服气，可又怕火，于是雷跑到天上去，龙跑到海里，虎、熊、猴等都跑到森林中躲藏了，只有凤凰不仅不怕火，还在火焰里轻歌曼舞，趁人不注意变成了一个美丽的凤凰姑娘。后来与人成亲，从此世上才有人类繁衍。与此同时，水族的古歌里有着这样的神话内容：“凤凰姑娘和人成亲后，生下三男三女，她百年归天后，十分想念人间的子孙，于是她的灵魂又变成三种鸟：一是锦鸡，二是野鸡，三是布谷，这三种鸟分别管理人间的生育、雨水和播种。传说金昆鸟是专管播种的，即布谷鸟。”[①] 这些神话都是凤凰在水族社会文化里地位的象征。

①《中国民间文学集成》全国编辑委员会、《中国民间故事集成·贵州卷》编辑委员会：《中国民间故事集成·贵州卷》，中国 ISBN 中心，2003 年，第 10—11 页。

第二节　凤与传说

传说是民间故事体裁之一。远古时期，传说和神话很难明确区分。传说的突出特点是跟特定地点和特定人物具有一定的关系。人们以明确的“这一个”人物、地方、史事、风俗或自然物为对象，创造出多种多样的故事。传说不像神话那样依仗原始思维，而是掺杂着后人不断的改写，直到现在，新的传说依然被源源不断地创作出来。

一般来说，根据其创作的内容，传说可以分为以下几个类别：人物传说，这类传说喜欢用历史上有名的人物，文化上的名人和各行各业的创始人等，内容多半是这些人在某地做过某件神奇的事情；地方传说，是关于各地山、泉、石、城的传说，是由这些地方的地名衍生出来的；史实传说，这些传说跟重大的历史事件有关，也有很多传说集中于历史事件中的人物上，与人物传说相互交叉；动植物与某种现象的传说，这类传说存在一个基本模式，讲述者会相信这些现实生活中的动植物是由人类变化而来的；各种风俗、土特产的传说，这类传说热衷于解释传说对象及其特点形成的原因，内容丰富多彩。

传说保留了民众心中的地方历史，是由民众心中的地方记忆所构成的。传说在产生之后经历了传说情节的叠加和故事形象的融合，最终所形成的传说具有鲜明的地方性特点，左右着民众的日常生活与精神世界。凤在数千年来，作为一种美好神圣的象征，充分渗透进社会生活中，演变出了数目繁多的传说。

一、凤与地方传说

凤在中国文化里被认为是吉祥如意的象征，跟凤有关的地名颇多，传说也不少。内蒙古、安徽、湖南、广东都有凤凰山；银川有一座凤凰城；北京传说中有一座凤凰台；甘肃有一大一小两座凤川。这些传说具有人文历史和社会文化的内涵，给人民群众的日常生活带来了欢乐和美好。凤凰山传说可以分为两种类型。其一是凤凰飞到过的地方被叫作凤凰山；其二是凤凰变成的山。

第一种传说类型的代表是安徽萧县的一则传说。该传说所提到的凤凰山过去叫北山，当时，山脚下住着兄弟二人。老大娶了媳妇之后想要分家，把老二赶了出去。一天，天正下着大雪，老二穿着一件破单衣，在北山半山腰上砍柴。忽然，一只凤凰飞来，落在他的面前。凤凰同情老二的遭遇，把他带到了山顶，让老二捡了几块金子就回去了。捡金子的事情被老大知道后，老大也想得到金子。他在家里做了一桌丰盛的酒席，请弟弟来吃饭，并向弟弟探听到了事情的原委。第二天一大早，太阳还没有出来，老大就和他的老婆拿着几个口袋来到了小二砍柴的北山坡。不一会儿，那只凤凰又飞过此地，凤凰看到他俩那可怜的样子，就把他们带到了山顶，没想到老大夫妻两个过于贪婪，在口袋里塞满了金子，身上也全都是。凤凰被他们的贪婪气得不耐烦了，独自飞离了山顶。太阳出来了，山顶黄灿灿的大片金子变成了一片火海，老大和他的老婆被大火活活地烧死了。大火烧了三天三夜，后来有人看见有一只凤凰闪着金光从山上飞走了。从此，这萧县城北的北山，就被人们称为“凤凰山”。

第二种传说类型的代表是内蒙古的凤凰山传说。传说中凤凰山在白云鄂博矿山的东南角，在凤凰山石峰上有两个天然的人头像，这就是传说中的巴特尔和其其格。很久很久以前，在哈拉脑包山的南麓，住着一个名叫巴特尔的小伙子。他英勇而善良。突然有一天，巴特尔碰到了一只老虎，他张弓搭箭射死了老虎，救下了一名女子，这名女子就是他的爱人其其格。两人成婚之后，在草原上过着快乐的生活。隆冬，一日黄昏，巴特尔和其其格打猎归来。一位老人敲开了他们蒙古包的门，他们将自己所剩不多的兔肉慷慨地给了老人。第二天，朝霞染红山冈时，老人说要赶路，献给了他们一条洁白的哈达。哈达上有凤凰鸟的图案。其其格绣了九九八十一天，绣出了一只活灵活现的凤凰鸟。凤凰鸟会在深夜时分从哈达上走下来下蛋。其其格去市场上卖掉这些凤凰蛋来贴补家用。没想到这件事情很快被王爷知道了。王爷命令人绑走了巴特尔，又把绘有凤凰鸟图案的哈达摆在厅堂里，希望能得到凤凰蛋。然而未能如愿。

王爷恼羞成怒，命人抓来其其格，让她多绣几幅凤凰图案。其其格同意了，她在王府绣了九九八十一天，又绣好了一只凤凰鸟。突然之间，凤凰从哈达上走了下来。凤凰载起王爷、其其格和巴特尔飞到了半空中。凤凰一直徐徐高飞，飞到一百多丈高时，把王爷从半空中摔下来，摔死在哈拉脑包山间。百岱看到王爷被摔死，从马靴里拔出一把匕首投向凤凰鸟，正扎在凤凰的尾巴上。凤凰落了下来，化作了岩石。后来，人们称它为凤凰山。巴特尔和其其格坐在凤凰的背上，也一同化作了岩石，成了凤凰山上的两个人头像，他们日夜守护着这一带的草原、牧民和宝藏。[1]

宁夏有"凤凰城"的传说。第一个传说与宁夏的首府银川有关。那时，宁夏山川，地薄人穷。黄河虽好，但是无法取水；山岭虽高，抵不住黄沙与寒流。穷苦的人民听说长江南边的山上，住着七个凤凰姐妹。他们希望凤凰能到银川来，并托南飞的大雁捎去了自己的希望。凤凰姐妹们为谁去宁夏讨论了很久。最小的七妹说啥也要到宁夏去看看。凤凰妹妹飞到宁夏的时候，被宁夏的贫瘠震惊了。她使用神力，在黄河边为人们开出了一条条沟渠，帮助当地的农业生产，又将自己从南方带来的花草树木撒遍了宁夏的各个角落，让宁夏变成了塞上江南。当时，宁夏西边有个异族部落。这个部落对于富饶起来的宁夏甚是觊觎。有一年，该部落的首领带着自己的兵马杀进了宁夏，他们逢人就砍，烧杀抢掠。凤凰十分生气，她变成了一座城市，把老百姓都装在城市里，帮助百姓躲避了侵略。后来，这座城市就叫作凤凰城，也就是如今的银川市。[2] 跟"凤凰城"有关的第二个传说与著名书法家谢威凤有关。历史上，谢威凤曾经在宁夏做过宁夏府台，对于当地的经济发展具有一定的贡献。但是在传说里，谢威凤做宁夏府台的时候，认为宁夏城像个凤凰。他又曾在宁夏当地见过凤凰飞过，遂认为宁夏

①《中国民间故事集成》全国编辑委员会、《中国民间故事集成·内蒙古卷》编辑委员会：《中国民间故事集成·内蒙古卷》，中国 ISBN 中心，2001 年，第 226—231 页。

②《中国民间故事集成》全国编辑委员会、《中国民间故事集成·宁夏卷》编辑委员会：《中国民间故事集成·宁夏卷》，中国 ISBN 中心，2001 年，第 114 页。

文气必定会盛于湖南。为了断绝宁夏的文气，谢威凤想了个恶毒的方法，把凤凰的脖子砍断，那样凤凰就飞不起来了。他命令民工在城内开了一条渠。民工们不知道谢府台的用意，在挖渠的同时挖出了一堆羽毛，他们用铁锹一推，“噗嗤”一声，羽毛下冒出血来，足有一尺多高。打此之后，宁夏就再也不出人才了。[1]

凤凰台在湖南和北京都有传说。湖南的传说内容是：在古时候，凤凰曾经在怀远的荆山上面歇过脚。世有传言：“凤凰不落无宝之地。”当地的县令听说了这个消息，寻思着此地定有宝藏，便派了几个人去凤凰落下的地方挖宝。最后，这几个人挖了几天，什么也没有挖到。县令对此感到不甘心，又命令人在此地挖了一个墓穴，打算把墓穴给自己的母亲。凤凰见到县官如此昏愦贪婪，一怒之下，便飞跑了。当地的文人学士怀着惋惜的心情，在凤凰飞落的地方建立了一座石碑，上书“凤凰台”三字，又在不远的山头，立了一座“太阳”碑，二碑左右呼应，取其“丹凤朝阳”之意，人们希望飞去的凤凰还能飞回。在这种心愿的影响下，人们在县城北门外的涡河上建造一座石桥，名叫凤凰桥，并将涡河北岸的一条街道称作引凤街。同时在荆山脚下的黉学门前，修建了一座飞檐雕栏的楼阁，叫作唤凤楼，皆有唤回凤凰之意。在传说中，这只凤凰离开荆山之后，迎着朝阳一直向东南飞去，后来，在桐城县的北山落下。从此，桐城便出了一大批文人学士，这就是名扬天下的文学流派——桐城派。[2] 北京的传说内容十分悲惨。很早的时候，有一个小女孩。她的后妈经常虐待她。即使他们家里很有钱，这个小女孩也穿不到漂亮的衣服。有一天，小女孩生了重病。后妈不想出钱给她治疗，她就这么去世了。过了几天，这个地方飞来一只特别好看的大鸟。有的人说：“这是只凤凰，凤凰飞到哪里，哪里就有金银财宝。”后妈一听可开心了，就跟着凤

①《中国民间故事集成》全国编辑委员会、《中国民间故事集成·宁夏卷》编辑委员会：《中国民间故事集成·宁夏卷》，中国ISBN中心，2001年，第115页。

②《中国民间故事集成》全国编辑委员会、《中国民间故事集成·湖南卷》编辑委员会：《中国民间故事集成·湖南卷》，中国ISBN中心，2002年，第511页。

凰跑。没想到凤凰把她带到了山崖间。后妈就这么摔死了。凤凰看到后妈摔死之后，就落到后妈家门前的一个土堆上。人们看到凤凰落在此处，就跑到她家，拿走了她家的钱财和粮食，那个地方被叫作凤凰台。[1]

保罗·康纳顿（Paul Connerton）认为，“我们对现在的体验在很大程度上取决于我们有关过去的知识”。而这些地名传说，本身即是地方记忆的一部分。这些传说能够口口相传到如今，意味着它们对于理解地方历史和地方文化具有不可忽略的作用。这些与凤有关的地名传说，不仅展现了凤文化在中华大地上的深厚影响力，也是民众追寻吉祥与财富心理的折射。古代社会，生产力水平低下，民众通过对凤的崇拜，表现了对美好幸福生活的向往之情。而凤自身的文化意蕴，也随着这些地名传说的出现与流传，深入到了普通百姓的日常生活之中。

①《中国民间文学集成》全国编辑委员会、《中国民间故事集成·北京卷》编辑委员会：《中国民间故事集成·北京卷》，中国 ISBN 中心，1998 年，第 273—274 页。

二、凤与人物传说

人物传说的产生一般有两种来源。第一种是历史人物的传说化。顾名思义，就是历史上某些具有丰功伟绩的人物，人们为了纪念他而述说的种种跟他有关的故事。这些传说不仅在现在，甚至在古代的志怪小说里也有记载。在这种故事中，凤的存在类似于小说中的背景，其出现的作用在于为主人公增加灵异氛围。汉朝刘向《列仙传》中，记录了弄玉吹箫引凤的故事。秦穆公有个女儿名叫弄玉，喜欢听箫声。而萧史善于吹箫，吹奏出的箫声能把孔雀、白鹤引到庭园来。穆公将弄玉嫁给了萧史。从此萧史就每天教弄玉吹箫，学习模仿凤的鸣叫声。学了几年，弄玉吹出的箫声就和真凤凰的叫声一样。秦穆公专门为他们夫妻俩建造了一座凤凰台。萧史、弄玉就住在那里，住了好几年。有一天，弄玉和萧史乘上凤凰双双升空飞去，羽化而登仙。后来秦国人在雍宫中建了凤女祠，祠里还不时地传出箫声。

第二种人物传说的来源则具有一定的地方色彩，多半是由当地的奇人异事所引起，内容则有更多的传奇色彩。在这种传说中，凤凰扮演的角色多种多样。如和人相恋的凤凰姑娘、教导人技艺的凤凰仙子、拥有财宝的凤凰仙姑等。古时，凤凰山下住着老两口，都快半辈子了，才生下一个儿子。生这娃时，他娘梦见一个人送了她一支凤箫，所以就给孩子起名叫“箫郎”。这孩子从小就爱吹箫，慢慢地长大了。虽然没有老师教导他，但是箫郎吹得简直比山林里的鸟叫还好听。箫郎长到十二三岁时，父亲和母亲都去世了，家里一贫如洗。他就去给财主放牛，一边放牛一边吹曲子。有的人看到他天天如此，想要戏弄他，就告诉箫郎凤凰山上有位凤凰仙子，问为什么他的歌声没有引来凤凰仙子。一天，箫声引来了一只锦鸡，锦鸡是凤凰仙子的使女。它告诉箫郎，凤凰仙子因爱听吹箫，被关在凤凰山顶的凤凰洞里。只有取下老鹰崖鹰嘴上挂的那支紫玉箫，凤凰仙子才能得救。箫郎听后说：“只要能救出凤凰仙子，我就是粉身碎骨也心甘情愿。”他经历千辛万苦，救出了凤凰仙子，得到了紫玉箫。一拿到紫玉箫，箫郎立刻吹奏起来，声音清脆婉转，与他原来的竹箫声大不相同。在他吹到第三支曲子的时候，只见一只金翅彩羽的凤凰从山顶飞出来。知府老爷从山下路过，听到了这优美的凤鸣声，便想着要将凤凰抓起来，贡奉给皇帝。知府命人将箫郎抓过来，威胁他吹箫，引出凤凰。不料这时，凤凰忽然自己飞来了。知府一见大喜，忙命人捉住带回衙门，特制了一个金装玉饰的凤凰笼，千里迢迢地把凤凰献给了皇帝。谁知皇帝仔细一看，哪是凤凰呀，分明是一只小锦鸡。皇帝大怒，以欺君之罪把知府推出午门斩了。知府死后，箫郎被释放，回到了家中。月夜里，他望着凤凰山，吹起了玉箫。突然间出来了一位美丽的女子，这位女子便是凤凰仙子。他们最后成为了夫妻。在清风明月的夜里，有时还能听见山顶传来的玉箫和凤鸣声。[1]

①《中国民间文学集成》全国编辑委员会、《中国民间文学集成·陕西卷》编辑委员会：《中国民间故事集成·陕西卷》，中国 ISBN 中心，1996 年，第 453—455 页。

人与自然的关系是诸多传说里永恒的主题。无论是凤凰姑娘还是凤凰仙子，都是自然界的化身。在这些传说中，人和凤的关系可以被理解为人与自然的关系。凤化身为人，与人相处愉快，也寄托了人们希望与自然界和谐共处的心愿。当然，这些心愿并不容易实现。在传说中，人与凤通常会受到一定程度的阻挠。但是并不能否认人类为了处理与自然的关系而付出的种种努力。

三、凤与物产传说

在中国，从南国水乡到北方草原，各地物产丰饶，物产传说也成了人们所热衷的话题。这类传说不仅描述物产的生产状况和神奇作用，还具有浓厚的人文色彩。人们通过传奇的叙述话语，神化和仙化本土的物产，将原来纯物质形态的物产烙上人文的印迹，从而拉近了人与自然的距离，激发自己对本土物产的自豪感和外人对它们的兴趣与赞美。凤凰作为在中国文化中影响深远的神兽，也出现在物产传说之中。凤凰为物产镀上了一层神异的色彩。

潮州刺绣是广东潮州地区传统民间工艺之一，自明清以来甚为鼎盛，甚至于成为了中国四大名绣中的组成部分。关于潮绣，有一个动人的传说。很久很久以前，凤城外有一座凤凰塔，塔下是凤凰洲，住着一位凤珠姑娘。凤珠姑娘心灵手巧，能裁布，能缝衣，还想学挑花绣鸟，只是苦无良师指点。后来听说天上有位凤凰仙姑，降临凤凰山顶，在描人间秀色，绣江山美景，她决心登山求仙学艺。凤珠姑娘手持花篮沿着凤溪水登上凤凰山。忽然，凤尾草丛中闪出一个老妇人。凤珠姑娘看见老妇人可怜，就给她一块饼。随后，又在老人的恳求下，将所有的食物都给了她。过了一会，天上吹来一阵清风，飞来一只凤凰。凤凰落在凤珠姑娘的身边，轻轻地把身子一摇，立刻化成一个女子，这就是凤凰仙姑。在凤珠的恳求下，凤凰仙姑同意将绣花技术教给她，但是警告她不能将绣花技术流传出去。凤珠姑娘学成回家。她能绣花的消息，霎时传遍城内外。经不住乡里乡亲的恳求，凤珠姑娘教大家学针法，把凤凰仙姑教她的手艺，都传授给了大家。一传十，十传百，不久，潮州姑娘人人都学会刺绣了。但是很不幸的是，凤珠姑娘的眼睛被天上降下来的雷电给弄瞎了。①

①《中国民间故事集成》全国编辑委员会、《中国民间故事集成·广东卷》编辑委员会：《中国民间故事集成·广东卷》，中国ISBN中心，2006年，第661—662页。

田黄石，是寿山石品种中的珍品。由于它有“福”（福建）、“寿”（寿山）、“田”（财富）、“黄”（皇帝专用色）之寓意，具备细、洁、润、腻、温、凝印石之六德，故称之为“帝石”，并成为清朝祭天专用的国石。史载，清时福建巡抚用一整块上等田黄石雕刻了“三链章”，被乾隆皇帝奉为至宝，清室代代相传。传说中，田黄石是由凤凰蛋变成的。相传古时候，有对凤凰飞过寿山时，见这里满山都是古树藤萝，遍地奇花异草，便对此地恋恋不舍，绕着寿山飞啊飞。太阳落山了，凤凰便在寿山选了一个长满花草的地方隐居。到了半夜，雌凰居然产下一个圆圆滚滚的凤凰蛋。雄凤开心地绕着凤凰蛋又跑又跳。它太开心了，一不小心踩碎了蛋壳。蛋清和蛋白就顺着溪水流下山去。天长地久，那有着凤凰蛋液的溪水逐步渗入土地中，把土地里的寿山石染得五颜六色，漂亮极了。众人认为，寿山石里最美的是田黄石，它那一层洁白的外皮，是凤凰蛋的蛋清；那晶黄的石蕊，是凤凰蛋的蛋黄。②

②《中国民间文学集成》全国编辑委员会、《中国民间文学集成·福建卷》编辑委员会：《中国民间故事集成·福建卷》，中国ISBN中心，1998年，第468—469年。

在旅游产业开发的过程中，这些传说的存在事实上有利于提升旅游纪念品的附加值，增加旅游纪念品对于游客的吸引力。在游客购买商品、知道这些传说之后，他们又会将这些传说无意识地传播给他人，客观上提高了风物传说自身的影响力。

第三节　凤与民间故事

与神话相比，民间故事所讲述的内容则多带娱乐性，是虚构性故事体裁的总称。民间故事不以特定的人或事物为中心，它所讲的故事带有不确定性。在讲述的过程中，也不像传说一样力求真实性，而是竭力暗示其普遍性和虚构性，很多民间故事甚至被称为“瞎话”。

一、凤与动物故事

动物故事是民间故事经常涉及的题材。这类故事以动物为主角，其中既有虚构的动物，也有现实生活中真实存在的动物。故事中一些动物的性格大多是固定的，比如狐狸的狡猾、熊的蠢笨，但是在有些故事中，它们的性格也会发生变化。动物故事有的时候会和寓言夹杂在一起，甚至于最后发展为寓言。关于凤凰与动物的故事中，有一种类型是关于凤凰和鸡的故事。凤是怎么形成的呢？学界对此有不同的看法。民众心中当然也有自己的想法。凤与鸡故事的出现说明了民众希望能用自己的思维对凤凰的来源进行解释。在一则民间流传的故事里，凤凰曾经生活在人间，长得很难看。有一次，王母娘娘发来了请帖，邀请凤凰去赴宴。凤凰高兴得一夜没睡，但是看着自己的打扮又犯起愁来。它自己身上的毛稀稀拉拉的，还是灰色的。凤凰打算去借衣服。它先找到孔雀，孔雀不答应。又找到雉鸡，雉鸡同样回绝了凤凰的要求。就在这时，凤凰碰到了一只大公鸡，公鸡一身羽毛十分漂亮。凤凰犹豫了一下，但还是告诉了公鸡它即将上天赴宴，希望找它借衣服。公鸡同意了，并与凤凰约定宴会结束后就归还衣服。到了宴会上，凤凰打扮得十分美丽。天庭上的人都围着凤凰转来转去。王母娘娘也封凤凰为百鸟之王。公鸡在笼子里等了三天，也没见凤凰回来。它的肚子很饿，出来吃食的时候碰到了其余的鸟儿。它们都被公鸡的形象吓到了。好好的一只红毛大公鸡怎么成了秃毛鸡呢？公鸡把原因一讲，大家都骂凤凰。天气太冷了，鸟儿们凑了一些羽毛送给公鸡。这就是公鸡羽毛有多种色彩的原因。至于凤凰，它从此长居天上，再也没有下来人间了。[1]

还有一个类似的故事在福建省被记录下来。很久很久以前，凤凰和鸡牯是一对好兄弟。凤凰为兄，鸡牯为弟，它们长相差不多，都有一身好看的羽毛。有一年，天帝要选十二生肖，各种禽畜都一齐赶往西天。虽然鸡牯不是很会飞，但它从不偷懒，连走带飞，结果它夺取了第十名，排“酉”字位。天帝对其大为称赞，赐它一件锦衣。就这样，鸡牯不但能行万里，而且比孔雀漂亮万倍。鸡牯穿着金光闪耀的锦衣，一从天宫飞回马上去找凤凰，凤凰见了大吃一惊，心想：“它如今从西天衣锦归来，身价百倍，我该怎样称呼它？”又一年的百鸟节前，凤凰向鸡牯恳求借锦衣。鸡牯本身并不愿意，但是想了又想，答应只能借一次，在天亮前还。在百鸟盛会上，凤凰展开美丽的翅膀，金光闪闪，百鸟们都为它跳舞为它歌唱，凤凰非常高兴，就贪心起来。这天的半夜，鸡牯等在鸡笼旁，左等右盼总不见凤凰归来，等得着急了它就仰起脖子向黎明的天空长声大叫：“凤凰哥——凤凰哥。”凤凰知道鸡牯是向它要衣裳，在天上装着没听见，任鸡牯叫去。天亮了，鸡牯等不到凤凰归来，就慢慢停止了叫喊，第二天天快亮时，鸡牯又开始叫喊了。天天如此，后来人们就称鸡牯天明前的叫喊为啼叫。凤凰觉得没脸见鸡牯，从此就躲在天宫，人们就再也见不到凤凰的影子了。[2]

二、凤与幻想故事

民间故事的另一个重要的类型为幻想故事。幻想故事所包

①《中国民间文学集成》全国编辑委员会、《中国民间文学集成·浙江卷》编辑委员会：《中国民间故事集成·浙江卷》，中国ISBN中心，1997年，第582—583年。

②《中国民间文学集成》全国编辑委员会、《中国民间文学集成·福建卷》编辑委员会：《中国民间故事集成·福建卷》，中国ISBN中心，1998年，第528—529页。

含的内容十分丰富。它将神奇的幻想与现实的生活联系在一起，反映主人公生活的变化，又或者是他们的奇遇。在他们的故事中，凤凰或成为主人公冒险历程上的艰难险阻，或成为主人公成就伟大事业的好帮手。其神话色彩和现实生活交织，表现了独特的艺术魅力。

在内蒙古，有一个为众人周知的英雄故事。早先，有一对老两口，只有一个独生子。那小伙子有一匹矫健的乌骓马和一把坚固的钢弓。他每日都不着家，整天在深山里打猎，因此，人们都管他叫“山的儿子”。山的儿子所属的那个国家的可汗让山的儿子去找蟒魔王。一天，山的儿子来到了一座破旧的帐篷前，想从这里打听一下路程，便把马拴在外边，走了进去。帐篷里坐着三个姑娘：一个在哭，一个在唱，一个在笑。原来，这三个姑娘是鸟王凤凰最小的三个姑娘。在她们的东北方向，最近来了一个蛇妖，把鸟王凤凰的十个大姑娘都给吞掉了。山的儿子听了姑娘们的故事，安慰她们说：“请你们不要悲伤，我马上把那残害你们的万恶蛇妖除掉。”山的儿子埋伏在蛇妖出没的大道上，等待着蛇妖到来。忽然天昏地暗，飞沙走石，山的儿子急忙取箭，射死了蛇妖。凤凰们感到十分开心，便送山的儿子到了蟒魔王住的地方。山的儿子在凤凰的帮助下，完成了可汗所交代的任务。没想到，可汗又让他去寻找一位“天仙夫人”。在凤凰的帮助下，山的儿子又完成了这项任务。在故事的结尾，可汗恶有恶报，被无情的大水吞没了。山的儿子消灭了仇敌，便和仙女结了婚。不久，又把他的父母也接来一起住，鸟王凤凰的三个姑娘也被接去了，那三个异乡的姑娘也都受到特别的照顾。[1]

①《中国民间故事集成》全国编辑委员会、《中国民间故事集成·内蒙古卷》编辑委员会：《中国民间故事集成·内蒙古卷》，中国 ISBN 中心，2007年，第557—561页。

幻想故事的另一个类型是动物变成人的故事，这种故事在中国非常多，如龙女故事、田螺姑娘故事等。凤凰也同样会变成女子和人产生一段浪漫的感情。古时候，桐柏山有一个柏子国，柏子国里啥宝都有，就是缺火。柏子国里好多人以打猎为生，猎手中箭法最好的要数秃石岭上的红炎。这一天，红炎在山上发现了一个凤凰蛋。晚上，他把凤凰蛋放在枕旁，觉得暖乎乎的，一会儿，热得有点发烫了，侧身一看，凤凰蛋金光闪闪，刺得他眼花缭乱，只好闭上眼睛。等他睁眼时，凤凰蛋不见了，眼前站着一个面目清秀的姑娘。这两位最终结为夫妻。凤凰为红炎家带来了火焰。国王知道了，就带兵杀死了红炎，并想抢凤凰姑娘进宫。凤凰姑娘假意答应了国王的要求，在进宫的时候，重新变成了凤凰蛋，在宫殿里烧起了大火，为红炎报了仇。

第四节　凤与俗语谚语

民间俗语谚语是民众集体智慧的结晶，是民俗生活的重要组成部分。凤作为神兽，在俗语谚语中时常出现，在一定程度上体现了凤神圣祥瑞的文化内涵，展示了凤在民众心中的崇高地位。

俗话说，“凤凰无宝处不落”，这句话是指贵人不在贱地停留，也比喻不干对自己无利的事。该俗语与凤凰落处必有宝地的民间传闻有关。凤在这里被认为是宝藏和吉祥的象征。

“凤凰飞在梧桐树，自有旁人话短长”，这句俗语广泛出现在元明清戏曲中，如《陈州粜米》二折：“〔吕夷简诗云〕凤凰飞在梧桐树，自有旁人话短长。”陆采《怀香记》二七出：“青琐无端失异香，东墙狐迹见乖张。凤凰飞在梧桐树，自有旁人话短长。”这两句借用了凤栖息在梧桐树上的典故，实则指发生了一件不寻常的事情，自有人说长道短。同样使用了这个典故的，还有一句“家有梧桐树，不愁凤凰来”，它比喻具备了良好的条件，不担心杰出人物不来。

与此同时，凤和龙在古代被认为是帝王的象征，具有崇高的社会地位。“凤不离窠，龙不离窝”，以凤和龙这两种神异的动物比喻帝王不可轻易离开皇宫。《万花楼》三回：“却有冯拯太尉，见圣上依寇准之谋，御驾亲征，又罚去陈尧叟倖，贬出王钦若，心中忿恨不平，即奏道：‘寇准之言，未可深恃，望陛下详察，切勿轻举。谚云：凤不离窠，龙不离窝。’”

民间有句谚语说得好：“龙生龙、凤生凤，老鼠的儿子打窟窿。”常用来比喻什么样的父母生什么样的子女。这句话生动形象表达了生物遗传基因的重要性，也反映出了一定的社会客观实际，常用于教育下一代，毕竟家庭环境会为孩子的成长带来至关重要的影响。有时也比喻有什么样的底子、基础，就会有什么样的产物。也说“龙生龙，凤生凤，老鼠养儿会打洞”或“龙生龙，凤生凤，贼生儿子打墙洞”。

与凤的神圣地位相对，鸡在古代被认为是一种相当平常的普通动物。所以有“凤有凤巢，鸡有鸡窝”。将凤巢与鸡窝相对，比喻人各按其不同地位，分别聚在一起。民间有句歇后语说“拔了毛的凤凰不如鸡”，指的是一个身份高贵和地位显赫的人一旦蒙难失势，那他的身份和地位便会远远低于普通人。

与之相关的有一则趣闻逸事。话说周瑜忌妒诸葛亮的才智，总想找借口杀他。一次宴会上，周瑜刁难诸葛亮：“孔明先生，我吟一首诗你来对，对的出有赏，对不出以杀头问罪如何？”诸葛亮从容应道：“军中无戏言，都督先请。”周瑜大喜，开口吟道：“有水便是溪，无水也是奚，去掉溪边水，加鸟便是鸡。得志猫儿胜过虎，落坡凤凰不如鸡。”诸葛亮听罢，从容应对：“有木便是棋，无木也是其，去掉棋边木，加欠便是欺。龙游浅水遭虾戏，虎落平阳被犬欺。”周瑜听了大怒，但碍于有言在先，不便发作，又出一联：“有手便是扭，无手便是丑，去掉扭边手，加女便是妞。隆中有女长得丑，百里难挑一个丑。”诸葛亮听了，知道周瑜是在嘲笑自己的夫人长得丑，便回敬一句：“有木也是桥，无木也是乔，去掉桥边木，加女便是娇。江中吴女大小乔，曹操铜雀锁二娇。”周瑜知道他是在奚落自己的夫人，怒发冲冠，想要发作。剑拔弩张之时，鲁肃和了一句：“有木也是槽，无木也是曹，去掉槽边木，加米便是糟，当今之计在破曹，龙虎相斗岂不糟！”诗罢，众人一齐喝彩，无形中化解了一场灾祸。

第六章

吉光凤羽：凤与民间艺术

民间艺术是在一定自然环境和人类社会中产生和发展的一种文化形态，不同形态的民间艺术表达了不同地方的文化态度，它渗透在人们生活的方方面面，其文化意义和功能是非常丰富的。更重要的是，民间艺术作为一种意识形态，它不断地渗入民众的生活并在这个过程中影响着人们的价值观和行为准则。

艺术在不同时期也有不同的分类标准。一般来说，古代封建时期，民间艺术与宫廷艺术、文人艺术和宗教艺术并称，艺术既分特定群体也分不同阶级；进入近代以来，艺术不再有特定阶层之分，民间艺术则是指艺术倾向、表现风貌不同于专业艺术家的艺术。作为一个多民族国家，我国的民间艺术不仅拥有悠久的发展历史，其表现形式也是丰富多彩的，譬如剪纸一项，便可见苗族剪纸、白族剪纸、土家族剪纸、满族剪纸等，同一艺术在不同地区的发展及表现形式也有很大的差异。

凤，在我国历史上最早可追溯到原始部落的“鸟图腾”崇拜，它的演变也经历了多个阶段。自汉代被作为汉民族共同的图腾起，它从最初代表帝王皇后的皇家文化符号，渐渐放下身段成为平民百姓生活中不可或缺的吉祥象征。而随着历史的推进、文明的进化，凤在民间文化中被赋予诸多内涵，成为一个拥有多重指向的文化符号，这在民间艺术广泛应用的凤元素中可窥得一二。卡西尔（Ernst Cassirer）曾将人定义为符号的动物，他认为文化是人类符号运动的产物。[①]“凤文化”是中国人民经过几千年的文化实践后产生的重要文化符号。在丰富多彩的民间艺术活动中，人们广泛采用“凤”这一形象，无论是视觉上——绘画、剪纸、雕塑、织染、舞蹈表演，还是听觉上——民歌、山歌、乐器吹奏；无论是装点平淡的日常生活，还是庆祝盛大的民俗节日，人们都要赋予“凤”以独特的符号意义。民众以民间艺术作品为载体，将“凤”变化为各式各样的形态，通过不同的艺术手段对“凤”进行变形、夸张、比喻、象征，可以说，民间艺术作品融合了表现的主观性、造型及色彩的程式性。民间艺术的表现形式、风俗底蕴完美地增强了“凤”的审美功能，使其成为外观与内涵兼具的独特的中国符号。

①[德]恩斯特·卡西尔：《人论》，甘阳译，上海译文出版社，1985年，第34页。

本章将对不同民间艺术形式中存在的“凤”元素进行整理，对“凤”在民间所代表的价值符号、蕴含的民俗意义以及其给民俗生活带来的积极影响进行分析。但因包含凤元素的民间艺术极为繁多，本章只挑选了其中的一些典型，以此管窥整个民间艺术中“凤”之英姿。

第一节 民间工艺美术中的凤

民间工艺美术是指在宫廷美术、宗教美术和文人美术以外，由广大民众自发创造、享用并传承的美术。[②]民间工艺美术的创作群体并不是一成不变的——前期主要是农民和手工匠人；后期市民越来越多并在其中发挥了重要作用；到了当代，民间工艺美术品已成为完全由城乡民众自己创造、自己享

②钟敬文：《民俗学概论》，上海文艺出版社，1998年，第357页。

用的艺术了。创作群体的独特性造就了民间工艺美术的独特性。城乡民众在劳动工作之余，运用自己从家族沿袭或者专业师傅那里学来的技艺，根据自己实际生活的需要创作出丰富的工艺美术作品，这种具有很大自发性和自主性的创作作品总是能带给旁人意外的惊喜。

出于实际生活需要，民众创作出来的工艺美术品既有以衣食住行等实用功能为主的，也有与民间民俗、宗教祭祀或其他民间文艺存在密切关系的，当然，供人赏玩的造型艺术也拥有广泛受众，因此这也催生了一批以售卖作品为生的专职手艺人。

制作民间工艺美术品无论是在实际生活中发挥功能作用、满足生活需要，还是扮演生活装饰品，民间手艺人都十分清楚对作品的美化加工绝不只是为好看，这些物品一定是在表达民众精神愿望、满足民众审美需要的基础上创作的，一件物品如果有了文化内涵的加持，能反映民众的思想感情和审美趣味、显示出他们的聪明智慧和艺术能力，那么它一定是众人称赞的佳作。

“凤”在民间工艺美术中可谓是凤影翩跹、遍地开花。凤凰，在民间被视为“吉祥”“高贵”的象征，因此我们常能看到以“凤穿牡丹”“凤凰来仪”“鸾凤和鸣”“丹凤朝阳”等图案为主要样式或主要元素的民间工艺美术作品，而在特殊节日、节庆场合等重要时刻，凤更是牢牢占据一席之地。凤的符号意义是丰富多变的，在不同的场合或者不同的物品上，“凤”所指代的意义都是有所不同的，这不仅与“凤”自身丰富的文化内涵有关，还与工艺美术作品本身的民俗意义有关。

一、凤与绘画

（一）年画

在中国，说到重要的节日首先想到的便是一年之岁首——

春节，春节在中国人的生活里扮演着重要的角色，它不仅意味着辞旧迎新、祭神祭祖，更重要的是意味着全家团聚、合家团圆的完满和谐。在这个中华民族最隆重的传统节日里，中国人不仅要遵守各式各样的传统习俗，还要制作特定的节日物件用以装饰团聚的家庭，至今，在中国广大的农村地区仍保留着贴年画的习惯。

年画是中国各地普遍流行的民间美术品，广泛应用于年节驱邪纳福活动。[1] 年画的兴起与流行不只因为它肩负了民俗功用，还由于造纸术与印刷术的发明创造为其提供了物质条件和技术基础。年画的民俗功用也经历了漫长的演变，最早的年画主要用于巫术和宗教活动，直到近代某些年画作坊仍保留着制作符咒、冥票、神衣等产品的习惯。而自明清以来，市民阶层越来越多地接触到民间工艺美术，门神画由以往的驱邪纳福的取向，渐渐更多地转向表现吉祥喜庆，内容上增添了彩凤、麒麟等珍禽瑞兽，或谐音、或隐喻，寄托了民众对于新的一年幸福祥瑞的期望。

当代的年画有了更多创新，但在一定程度上仍保留了传统的文化元素，尤其是那些具有重要文化内涵的元素，例如凤、龙、鲤鱼等根植于国人内心的吉祥符号，仍存活在年画中。图6—1 所示的年画《龙凤花样》来自于福建漳州，这里选取了年

①钟敬文：《民俗学概论》，上海文艺出版社，1998 年，第 361 页。

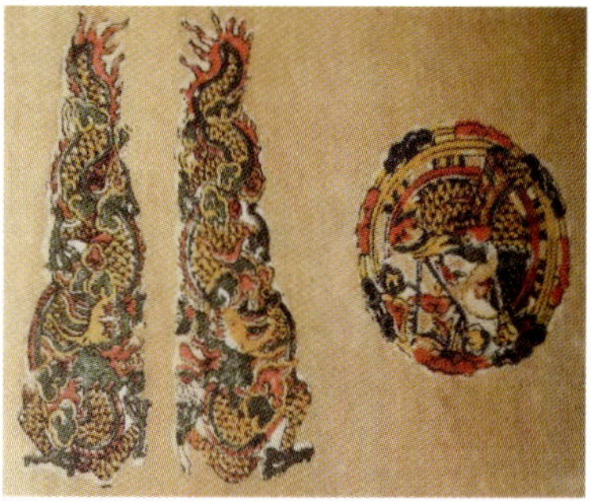

图 6—1　年画《龙凤花样》[2]

②王树村、王海霞：《年画》，浙江人民出版社，2005 年，第 27 页。

画中龙、凤两种组成元素，中国人通过这种特殊的吉祥物和纹样来维系族群间的心理认同，无论何时何地，尤其是在春节这类特别盛大的节日中，人们只要看到龙凤图样就感到吉祥如意的喜悦，这就是文化心理认同的表现。

（二）工艺画

前文说到民众出于实际生活的需要会自己制作工艺美术用品，但同时也有一批专门的手艺人以此为业，精雕细琢、磨砺技艺，制作更加精美、更具观赏性和装饰性的工艺美术品，工艺画便是手艺人专门创作的代表产物。工艺画不同于中国画、油画、版画等绘画作品，一般也不包括器物上附属的装饰绘画，它是相对独立的工艺品。[①] 相较于年画只能在纸张上进行绘制，工艺画显然拥有更多的选择，并且拥有更大的创意空间，它能够取用各种材料，通过镶嵌、拼接、彩绘、髹饰等工艺制作而成。复杂的工艺赋予它的是更强的商业性和更高的艺术价值与观赏价值。

①马美惠：《中华文明历史长卷——手工艺卷》，北京工业大学出版社，2013 年，第 169 页。

图 6—2　绘有龙、凤图案的叶脉画

图 6—2 所示的是一件绘有龙、凤图案的叶脉画，其纹理清晰、色彩古朴，又因其久不变色，具有很高的艺术及收藏价值。叶脉画拥有悠久的制作历史，据史料记载，叶脉画最早可追溯到东汉时期的贝叶（菩提叶）画。叶脉画发展至今，为了满足民众的求吉心理，也为了能够更好地获得市场价值，龙凤等祥瑞符号就成为其创作首选，“凤凰”“飞龙”等图案在外观上大气宏伟、精致华丽，在内涵上也寓意吉祥，这类叶脉画给观赏者带来的是视觉与心理的双重享受，也因此成为收藏者的首选。

图 6—3　铝箔画《凤戏牡丹》

再如铝箔画《凤戏牡丹》（图 6—3）采用非常典型的“中国式吉祥构图”。传统的吉祥图案一般有两个主要特征，一是饱满完整的构图形式，一是和谐合理的布局安排，简单来说就是“尚圆”和“尚中”。“圆”象征“圆满”，意味着周而复始、绵绵不绝的哲学思想；“尚中”来自于《中庸》，“中也者，天下之大本也，和也者，天下之达道也，致中和，天地位焉，万物育焉”。自古，中国人便认为中和才能达到一种美好的状态，表现在工艺画中便是凤凰与牡丹、翻飞的凤与龙或者是相携相伴的双凤。吉祥图案以对称相呼应的构图，不仅在视觉上给人以和谐对称的美感，而且给人以好事成双、和谐圆满的印象，从而达到心理上的平衡与满足。此《凤戏牡丹》以圆入方、花凤呼应，其形状表达了中国传统文化“方圆”之间和谐共生的思想，创作者取凤凰呈祥、牡丹雍容华贵的象征之意，展现了中华文化的独特个性和深厚内涵。

楚地尤其注重凤凰崇拜，楚人崇凤是其固有的信仰。现存的楚地文物中，凤的身影遍布于各类物件之上，不仅有日常使用的衣带挂钩、香薰炉、铜镜、置物盒，可佩戴的玉玟璜、金饰品，还有装饰用的瓷瓶、釉罐等。至今，湘鄂一带仍十分流行有“凤”元素的装饰风格。湖北省荆州博物馆火凤凰壁画

图 6—4　火凤凰壁画《楚凤》（局部图）

（图 6—4），创作者绘出的这些灵动的凤鸟，翱翔于洪荒之地，赤黑相融、浴火而生，展现了楚地人如凤鸟一般灵动飘逸、无所畏惧、自由奔放而又华丽浪漫的文化特点。

（三）安徽凤阳凤画

凤画是安徽省滁州市凤阳县当地极具地方特色的乡土味十足的一种民间绘画形式。当地民众选取寓意吉祥、美好的凤凰作为描绘对象，以此来抒发对美好生活的向往和追求。

安徽凤阳凤画起源于明初，距今已经有 600 多年的历史，2006 年入选安徽省民间美术类非物质文化遗产，有“皖北三绝”的美誉。据说朱元璋当上皇帝后，将家乡改为“凤阳”，自喻受命于天。传说从天边飞来了一只五彩凤凰，飞到城南一座小山上落下，正是朱元璋父母的墓丘（今为明皇陵）所在。全城百姓争相观看。有位画师号称“神笔张”，将凤凰模样画了下来，自此，他专以画凤为业，并在每年春节绘制几幅精品进献给皇帝朱元璋。马皇后尤为喜爱，总是挂在后宫大殿上，率领众嫔妃焚香祭拜，祈祷平安、吉祥。此后，凤画几经演变发展，成为凤阳独有的传统民间美术，一直延续到今天。

凤阳凤画题材独特，主要包括丹凤朝阳、百鸟朝凤、龙凤呈祥、百鸟献寿、带子上朝、五凤楼、麒麟凤、四扇屏八种。凤阳凤画的造型特点和表现手法独具一格，凤的形态必须是蛇头、龟背、九尾、十八翅、鹰嘴、鸡爪、山羊胡、如意冠，如有偏离或某处不到位，都不够格称为正宗的凤阳凤画。凤阳凤画主要分为三大类：墨凤、素凤和彩凤。其中，墨凤全身颜色为黑墨色，画家主要通过黑墨色的浓淡深浅展现凤形象；素凤是在墨凤的基础上发展而来的，素凤与墨凤的主要区别是画家用少许绿色或者蓝色、金色在点睛之处，勾勒出花纹、翎眼，进而彰显素雅之美；彩凤与墨凤、素凤的色彩和表现手法则迥然不同，它主要以中国传统国画颜料为基础，注重色彩，全身涂染大红、大绿、大紫等颜料，颜色鲜艳、厚重且富有变化。凤阳凤画色彩鲜艳，富有装饰意味，想象力丰富大胆，体现了老百姓对幸福生活的追求、对神秘图腾的崇拜，表达了最原始也是最典型的民间审美追求。

进入新时代，凤画创作题材不断拓展，突破了以前单一反映祥瑞的创作思路，开始与当代重大历史事件相结合，这些创作思路的变化使得凤画创作耳目一新。譬如，为庆祝改革开放30周年暨家庭联产承包责任制30周年而创作的凤画《大包干·凤还巢》，以凤阳小岗村的巨大变化为题材，以中国画散点透视为表现手法，以手打凤阳鼓的鼓女为主体，以小岗牌楼和地方服饰为点缀，营造出一幅迎接凤凰还巢的热闹场面，反映了民众过上幸福生活的喜悦之情。又如为迎接北京奥运会而作的《福娃巡天图》，全画由中国传统祥瑞神兽龙凤、和平鸽、奥运会吉祥物福娃、北京奥运会会徽、奥运五环、北京天坛、祥云、牡丹、菊花等诸多要素构成，构造出了一幅凤凰背载着五只福娃在祥云中展翅高飞的喜庆、和谐画面，另有三龙三凤四和平鸽装点其间，象征对奥运会十全十美的祝福，奥运五环、北京奥运会会徽和天坛凸显奥运主题。此外还有为庆祝香港、澳门回归而作的图画《九龙七麟凤还巢》《九九归一凤来仪》《九尽花开凤鸣春》，为庆祝抗战胜利60周年所作的图画《凤鸣天下》《凤仪神州》，反映伟大复兴中国梦的画作《凤阳之梦》等。

二、凤与剪纸

与民间年画一样，剪纸是中国一门古老的艺术表现形式，也是受众广泛的民间美术品，其创作初衷也是为了祈福驱邪，至今已有一千多年的传承历史。凤凰是我国祥瑞文化中具有最高象征意义的元素符号之一，因此，民间很多剪纸艺人把凤凰与剪纸艺术表现形式进行结合，表达自己的精神寄托以及对美好生活的追求。

在古时，就有将艾叶剪成人形或虎形悬挂于门上的习俗，到了宋代随着“造纸术”的发展，剪纸有了丰富的制作材料，渐渐流行开来。到了现代，剪纸艺术不断发展，其内涵和工艺也发生了变化，现在的剪纸不仅用剪刀创作，还涵盖了刻刀制作的艺术作品，这两种统称为剪纸。剪纸在长期的封闭社会中发挥着重要作用，它作为劳动者一种文化自娱手段，让人在剪（刻）纸的过程中把原始思维意识通过简单的表现变成一种可视化形象。剪纸的用途十分广泛，既能作为节日庆典的装饰品，又可以装点民众的日常生活，因此在剪纸中，凤的形象就显得格外鲜活和丰富。尤其是在婚嫁之时，双凤、凤凰、龙凤频繁地被运用在剪纸花样中，如图6—5所示，红艳艳的剪纸上有象征喜上加喜的“红双喜”图符配以翻飞的龙凤图案，在人生中最重要的这一天扮演着不可或缺的角色，人们也将美好的祝愿寄托于这些灵动的剪纸，祝福新郎新娘喜结良缘、恩爱和谐，祈愿新婚夫妻能夫唱妇随、相携到老。

图 6—5　白族剪纸作品《龙凤呈祥》

图 6—6　细纹刻纸作品《龙凤呈祥》

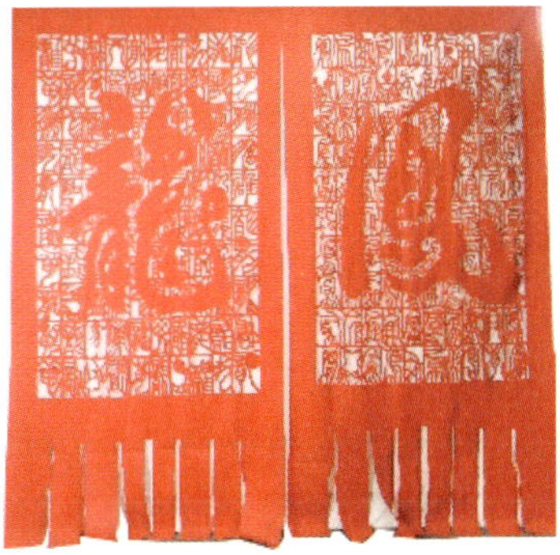

图 6—7　剪纸与书法艺术结合作品《百凤图》

作为美术作品的剪纸在当代有了全新的发展，在纹样、技法、材质等方面相比传统剪纸有了诸多创新，但在内涵上延续了传统中“吉祥”的含义，与此同时很多艺术家还通过构思创新为“凤”带来了更多具有当代价值的蕴意。在细纹刻纸作品《龙凤呈祥》（图 6—6）中，作者仍取传统吉祥图案的“尚圆”和“尚中”思想，配以数十种不同花纹围绕龙凤四周，既有和谐完美的美感，又展现了创作者的高超技艺。在中国的文化语境中龙和凤是天造地设的一对，婚房中贴上“龙凤呈祥”的剪纸，预示新人的婚姻有着天作之合的寓意，象征亲人对新人美好婚姻的祝福。

何红一的《百凤图》（图 6—7）更是匠心独具，她秉持“龙”“凤”吉祥文化理念，将剪纸与书法艺术结合起来，以百种不同时代流传下来的“龙”“凤”书法做底纹，镌刻出遒劲的“龙”“凤”二字。作品精雕细刻，虚实相间，具有丰富的中国文化底蕴，其工艺的复杂、构思的巧妙令人叹为观止。

三、凤与雕塑

雕塑又可称为雕刻，它是用可塑的材料制作成具有三维空间的造型艺术作品，艺术家们通过它来阐述社会文化、展示内心世界。[1] 雕塑艺术在中国拥有悠久的历史，其中我国的石雕艺术最早可追溯到距今一二十万年前的旧石器时代中期，其传统技艺兴起于汉代，成熟于魏晋，在唐朝流行，并一直延续至今。石雕在我国民众的传统生活中占据着重要的地位，主要表现在居民的住所装饰上——门前有石雕狮子辟邪镇恶，进门有石雕照壁遮蔽挡风，檐下石柱雕有各类灵物。平民百姓的宅子里是如此，在高官权贵的府邸里就更为丰富了，如今在故宫里仍可见到丰富的石雕装饰。石雕艺术造型逼真、手法细腻圆润而且纹饰流畅洒脱，在中国拥有广泛受众。

①王凯：《浅谈雕塑艺术创作中的观念与形式》，《文艺生活》2016年第4期。

在现存的一些古代大型建筑物前的阶梯、石墙上还有造型各异的凤凰、麒麟等图案。为何石雕会广泛选择凤凰造型呢？据《礼记·礼运》记载："麟凤龟龙，谓之四灵。"凤属于四灵之一，本就拥有祈福避灾的功用，与此同时，凤还蕴含着"祥瑞""安康"等吉祥意义，将栩栩如生的凤石雕放置在殿前台阶上，就仿佛凤凰降临，给君主带来了风调雨顺、国运亨通的吉祥，完美地契合了君王祈愿祥瑞安泰、庇护王朝的心愿。

凤造型还经常出现在牙角雕中，牙角雕泛指兽牙、兽角的雕刻制品。古代常以此类制品为珍稀之物，到了现代因环保意识加强，很多类型的牙角雕渐渐被淘汰，不过垫江角雕在不伤害珍稀动物的前提下，作为重庆市非物质文化遗产得到了较好保护。它以稀有的黑、白牛角为主要原料，是经手工雕凿制作而成的传统手工工艺品。如今的传统手工工艺品呈现出实用性与观赏性并存、观赏性高于实用性的显著特点，如图6—8所示

图6—8　垫江角雕《凤纹梳子》

的角雕作品《凤纹梳子》，在保证梳子基本功用的前提下将凤造型巧妙地与梳子结合，精巧美观的设计令使用者爱不释手。

凤凰是我国的传统吉祥图案，许多设计师根据城市所在环境的文化背景、历史文脉、民族风俗会把凤凰作为雕刻的立意，表达城市对美好生活的追求和向往。如海南三亚市凤凰岛火凤凰广场，它不仅是三亚奥运会火炬传递线路的起点，更是2008年北京奥运会火炬境内传递第一站（火炬接力标志设计就源自东方神鸟“火凤凰”的概念）。火凤凰广场设计了一个底座高20米、雕像高30米、总体高约50米的“火凤凰”巨型青铜雕塑，这也是广场名字的由来。这个广场是专门为纪念2008年北京奥运会而建，而之所以用火凤凰作为广场上的雕塑，主要理念是为了与北京鸟巢体育馆相呼应，并与中国传统“华凤还巢”的传说相契合，象征着和平与吉祥，寄托了全体中华儿女对北京奥运会取得圆满成功的祝福。此外，北京市房山区良乡拱辰南大街最南端的凤凰广场，也有一座“火凤凰”主题雕塑。

再如山东省临沂古城的凤凰广场。它是设计师依据临沂“凤凰城”的传说而建造的凤凰主题广场，是2008年7月21日北京奥运会火炬接力在临沂的传递终点，是山东省十佳文化广场之一。广场上的突出位置有一个凤凰台，上边安放着一座名为“丹凤啼翠”的雕塑，它高16.6米，直径9.9米，其设计灵感来源于临沂“龟驮凤凰城”的民间传说，与凤凰广场的设计主题、理念和观赏性相互呼应，是该广场的点睛之作。该雕塑是一只浴火重生后昂首啼翠、展翅高飞、极具立体感的凤凰形象，用来寓意临沂大地要在新时代重新崛起和临沂人民追求幸福美好生活的信心。无独有偶，湖北省鄂州古城东门护城河外也有一个凤凰广场，坐落在洋澜湖畔。广场中央有一处醒目的标志性建筑，就是鄂州城的城标——金凤腾飞。鄂州是楚人的故土，楚人崇凤，视凤为至尊、至善、至美的神鸟，惯以凤鸟为图腾。城标主体就是一只耀眼的金凤在光焰万丈的朝阳之上欲展翅腾飞，鲜明生动地体现了楚地先民们尊凤崇火的文化渊源。

四、凤与染织刺绣

（一）刺绣类

中国自古便有养蚕缫丝的传说故事，发达的农桑业是后来中国走出“丝绸之路”的重要基石。我国流传着“嫘祖养蚕缫丝”“牛郎与织女”等与蚕桑有关的俗语、故事或传说。甚至古代的择妻标准都是要求女子“德、言、容、工”四个方面俱佳才可，其中“工”便是指“女红”。刺绣在我国有两千多年的发展历史，民间刺绣在明清时期得到了较大发展。明清时期封建王朝拥有规模巨大的宫廷绣工，汇聚了全国各地的刺绣能人，同时也促进了各地刺绣的长足发展，先后产生了苏、粤、湘、蜀“四大名绣”。此外各个民族的刺绣也各具风格。手工刺绣因其图案工整娟秀、色彩清新典雅得到民众的广泛认同，直至今日，一件绣工精巧细腻的衣物即便价格不菲，仍能吸引不少顾客。

在民众的服饰中，特别是在女性的服饰上，凤的纹样是经常使用的，翻飞的凤不仅为服饰带来灵动的美感，还暗喻着装之人的美丽优雅。当下社会中，人们的服装样式可谓五花八门、日新月异，但作为中国传统服饰代表之一的旗袍，在引领时尚中仍有着自己的态度。现如今，旗袍的样式根据当代人的审美眼光做了一些改进和调整，但在旗袍的花样上也保留了很多传统元素，其中很重要的元素之一就是“凤纹”（凤凰造型）。无论是已成产业的专业旗袍制作公司，还是民间尚存的各种技艺传承人，都不约而同地开动他们的脑筋、发挥他们的

图 6—9　龙凤旗袍

图 6—10　湖北神农架民间刺绣“堂纺叠绣”凤凰

图 6—11　婚礼凤褂

才智，将中华民族千年血脉中对凤的喜爱毫不掩饰地展现在他们的作品上。

上海龙凤中式服装有限公司的制作者将形态各异的凤凰搭配不同底色的旗袍（图 6—9），展现出了凤凰造型更多的可能性，同时赋予了旗袍这种传统服饰新的魅力，令观者惊叹不已。

湖北神农架民间刺绣的独特之处在于身上飞舞的凤凰采用“堂纺叠绣”刺绣而成（图 6—10），灵动飘逸，展现出凤凰独特的风采。

图 6—11 是民间手艺人刘小红刺绣作品《婚礼凤褂》，这类婚礼服装在近几年逐渐火热起来，人们看惯了西式婚礼的西装婚纱后开始回归传统。惊叹于传统刺绣的精美与华丽，每位待嫁的新娘都希望能拥有一件属于自己的凤褂，将传统穿在身上，收获的不仅是宾客艳羡的目光，更多是一针一线赋予婚姻的庄重感与仪式感。

图 6—12　水族马尾绣

图 6—13　侗族刺绣《凤头鞋》

在民间，凤不仅代表女性，在喜庆婚礼上发挥重要作用，它还是水族人民最喜爱的动物。在水族，无论是日常生活的用品，还是盛大节日的服饰，我们都可以见到凤凰的身影。水族人对凤凰的喜爱表现在他们生活的方方面面：节日要唱凤凰歌，女子梳着凤式发髻，男子穿着凤纹服装等。图 6—12 所示是水族的马尾绣作品，无论是水族人使用的门帘，还是穿着的衣饰，他们都将凤凰作为重要元素绣在这些物件上面。

除了水族，还有其他一些民族都十分喜爱凤凰。图 6—13 所示的凤头鞋便是侗族人民的作品，新娘在出嫁时，都要穿上这种凤头鞋，寓意美丽吉祥、步步生花，走向幸福美满的新家庭。

（二）针织类

中国得天独厚的地理条件为养蚕缫丝提供了良好的物质基础，孕育出了精美绝伦的刺绣工艺，还有世界领先的织染工艺。中国织锦，用彩色的金缕线织成各种花纹的织品，是中国技术水平最高的丝织物，它经历了一个漫长的演变发展过程，到如今成为中国工艺美术的珍宝。在这一民间工艺中，“凤”是织妇匠人常用的元素。

土家族对织锦有着特别的喜爱，有一俗语称“土妇善织锦”说的就是土家族的姑娘织得一手好锦。事实也是如此。以前，在土家族几乎家家户户都有织机，更为独特的是每位

图 6—14　土锦

土家姑娘在出嫁之前都要自己织锦作为嫁妆——“卡他普的铺盖”，所以土家族姑娘织锦技术的好坏直接决定了自己嫁妆质量的高低。民族个性十分鲜明地体现在土锦（图 6—14）上，不同于云锦的庄重、蜀锦的艳丽，土锦用色浓烈鲜艳，散发出浓烈的民族气息。大红、大绿的配色就像土家族儿女热情直接的性格，给人以强烈的视觉冲击，在婚恋嫁娶、家庭服饰中发挥着重要作用。

在土家族姑娘的织锦中，常见纹样为凤纹和龙凤相配的图样，而这些一代传一代的技艺也携带着祖辈们一直认可的凤凰象征意义。有司马相如“凤求凰”的成功美满，有“鸾凤和鸣”“凤凰双飞”的恩爱和谐，凤凰已然在民众心中成了婚姻爱情美满幸福的象征。临近出嫁的女孩子都怀有对婚姻生活、对未来另一半的美好愿望，而在自己亲手织就的织锦上织上凤凰图案，一梭一织之间仿佛看到了自己组成新家庭后夫妻相携、幸福美满的模样。

（三）印染类

在距今六七千年前的新石器时代，已有对毛、麻进行染色的工艺，人们在应用矿石颜料的同时，还掌握了对各类植物染料的提取应用。手工织染使织物作为图案纹样的载体，更赋予织物以艺术生命，织物在承载着实用功能的同时，也表现出不同民族、历史阶段的审美情趣，为满足人们追求生活情趣的精神需求提供了更多可能。

民间蓝印花布是在传统夹染的基础上发展而来的镂空型版印花工艺，在宋代江南地区已很成熟与流行。蓝印花布以白底蓝花、蓝底白花为特点，纹样清晰分明，色青而耐洗耐晒，农家多能自制自用，有“衣被天下”之称，是民间新娘必备的嫁妆。[①] 由于手工艺制作的特点，蓝印花布纹样多以交织连锦、蓝多白少的“蓝底白花”最常见，也就形成了阳刻花的造型样式。

①华觉民、李绵璐：《中国手工艺——织染》，大象出版社，2012 年，第 174 页。

民间蓝印花布的图案遵循传统的审美法则，力求体现对称、虚实、韵律和夸张等艺术特色，给人以朴实之美。图 6—15 是湘西凤凰蓝印花布被面花纹，其图案呈现出高度的和谐性，代表了中国民间的审美情趣。

图 6—15 湘西凤凰蓝印花布被面花纹

民间的蓝印花布物件中，特别是使用于被面上的图案以凤凰居多，而且这些有着凤凰造型的被子则是在新娘出嫁时作为随行嫁妆携带至夫家的。无论是“鸾凤合鸣”也好，还是“凤凰牡丹”也罢，新娘子在娘家都是凤凰般珍贵的宝贝，寓意着娘家人对新娘子的珍视，也祝愿新婚夫妻能够如双凤一般同进退、如鸾凤一般和谐美满。

五、凤与其他传统技艺

以上列出的仅是一些具有代表性、受众较广泛的民间工艺类别，在这些门类中凤元素出现得尤其频繁，但在其他传统技艺中仍然不乏凤的倩影。

（一）草编

相较于刺绣、纺织、印染等工艺，草编可算得上是原料生长最广泛、取材最方便、用途最丰富的一种民间工艺了。草编是以各种柔韧草本植物为原料加工编织的工艺品，原料多为野生的黄草、苏草、席草（水毛花）、金丝草等，也有使用人工栽培的农作物稻草为原料的。[①] 草编制品有日常生活可使用的草席、草鞋、草帽等，还有一些专为装饰而生的艺术品。如图6—16所示的羌族草编《凤凰》，利用羌族地区特有的棕榈叶经过匠人之手一番编、结、扎、缠，普通的一片树叶变成了一只傲然屹立的凤凰，这只凤凰不仅姿态桀骜，其羽毛还拥有深浅相宜的颜色搭配，仿佛它只是误落凡间，下一秒就可以翱翔九天之上。

①马美惠：《中华文明历史长卷——手工艺卷》，北京工业大学出版社，2013年，第97页。

图6—16　羌族草编《凤凰》

（二）郧阳凤凰灯

郧阳凤凰灯，是郧阳山区广为流传的一种民间花灯，它形象优美、栩栩如生、典雅古朴，是喜庆吉祥、美好幸福、人寿年丰的象征。郧阳凤凰灯有120多年的历史，它产生于晚清，后相继传播到汉江南北。[①] 凤凰灯是凤凰灯舞的主要道具和造型，凤凰灯工艺讲究精巧匀称，本身就是一件精美绝伦的民间工艺美术品，是鄂西北山区极具地方特色和浓厚乡土气息的优秀民间工艺美术。

①陈绍辉、邓丹丹、陈文华：《荆楚民间工艺》，武汉出版社，2014年，第176页。

具体说来，凤凰灯主要由以下几部分组成：凤头、凤颈、凤身、凤腿、凤翅、白云太阳灯、牡丹花灯、花盆灯、皮套筒等。凤凰灯的扎制工艺复杂程序让人眼花缭乱。繁杂的制作工艺创造出的是灵动自如的凤凰灯，表演时，凤凰双翅能扇动、凤尾可翘动、两眼能睁闭，再加上花盆灯、太阳灯和“撒乔火”烘托，姿态灵动，美轮美奂，构成一套色彩艳丽的工艺美术作品。

（三）龙凤花烛

龙凤花烛，主要用于新人婚礼上，中国自古就有婚礼“点花烛”的传统，图6—17所示的是民间艺人现场制作龙凤花烛。左图的一对龙凤花烛：一只花烛上盘有一条龙，龙嘴里有一颗珠，称作“盘龙戏珠”；另一只花烛上围绕着一只凤凰，

图6—17　民间艺人制作龙凤花烛

凤嘴前有一朵色彩鲜艳的牡丹花，叫作“凤穿牡丹”。龙凤相配寓意夫妻和谐，婚礼的喜庆氛围在龙凤花烛摇曳的烛火中达到高潮。

（四）漆器髹饰技艺

重庆漆器髹饰技艺是国家级非物质文化遗产保护项目，历史悠久、源远流长。图 6—18 所示的是三凤图漆器工艺品，画面中三只线条简单的凤鸟围绕成圆，并且这个图案是由蛋壳镶嵌而成，是极富地方特色的工艺技法，技艺精湛，手法细腻。

图 6—18　三凤图漆器工艺品

（五）花丝镶嵌传统工艺

花丝镶嵌传统工艺始自清末，其工艺制作极其繁复：首饰雏形就需经过掐、填、堆、垒、织、编、攒、焊，之后经过锼、崩、挤、镶、闷、挫等方法将一颗颗宝石镶嵌、点缀，最后再经过平、阳、丝、抬、踩、镂空、脱孔等方法，这才制成一件完整的花丝镶嵌作品。图 6—19 便是一件历经千锤百炼制

图 6—19　花丝镶嵌凤形头钗

作而成的花丝镶嵌凤形头钗，凤背上镶有一颗晶莹的珍珠，凤鸟造型翩然，青蓝之色令其呈现出一种别样的风采，戴在头上仿佛凤栖在此，给人无限美丽的遐想。

凤从产生之初就被人们赋予了吉祥、华贵、好运等象征意义，而在民间各类传说故事中凤凰所出现的场景大多是在民众出现危难时并且能带来好运。因此，久而久之，凤凰具有了感性特征，在实践的过程中又逐渐为人注意和重视并形成了一定的心理感受，于是每当人们看到凤凰，首先想到的便是祥瑞之兆。

中国人民自古以来就有着求吉向善的生活诉求，但即使他们把对生活的美好愿望纷纷诉诸这些工艺美术品中，他们也从未忘记要兢兢业业、勤勤恳恳。凤元素在民间美术作品中十分广泛，它不仅作为传递美好祈愿的载体表达了民众对美好生活的向往，同时也成为较为固定的民间俗信对象之一。在民间工艺美术中，凤元素必然要依附于一定的载体（实际物品）而存在，但它所表达的真正内涵不取决于这个载体，而是其表达的祈求内容。与其相似的是，在民间音乐和戏曲中凤凰也占有不少地位，而此时凤凰所依附的载体则与人更为亲近。

第二节　民间音乐戏曲中的凤

民间音乐来自于民、服务于民，它从萌发之时就拥有了广阔的传播空间，它以口耳相传的方式，历经不断的变异更新保持着其绵延不绝的生命力。民间歌曲、民间歌舞、民间曲艺、民间器乐等在内的诸类音乐，统称民间音乐。民间音乐在中国人的生命中发挥着重要的作用：新生儿降临、长辈过世、喜结良缘、乔迁新居都有不同的民乐伴随其中，表达着人们真实的情感；乡野田间、农忙农闲都要唱上几句，或是为劳作添上几把加油鼓劲的火，或是劳累时怡情放松的消遣。总之，民间音乐从山乡田野到城镇舞台，从农、牧、渔到市民阶层都有它的传播场所。凤凰展翅在广袤的民间山水里，各族人民从不同方面、用不同方式歌唱着凤凰、歌唱着美好的生活。

一、凤与民间歌曲

中国民歌源远流长，历经数千年的沧海桑田，随着历史车轮的不断前进而蓬勃发展。民歌伴随着劳动人民的一生，覆盖了生活的方方面面，是劳动人民生活必不可少的组成部分。民歌语言简明、形象鲜明、手法丰富多彩，不仅紧贴人民生活，表达真挚的感情，而且总是能够在短短数句歌词中表达鲜明的主题思想，表达歌者对生活的追求与期望。

（一）《唱“欢”迎凤凰》，西林·壮族，苏志平唱，覃凤仙、傅炳崇记。

河边好唱“欢”（啦哇爹吔），
唱“欢”迎凤凰（呀啦）。
凤凰是什么（啦哇爹吔）？
就是水轮泵（呀啦）。
见了水轮泵（爹呀哈），
想起旧时痛（呀哈啦），
有年天大旱（呀哈），
两眼泪流空（呀咧）。[1]

[1]广西人民出版社编：《广西民间歌曲选》，广西人民出版社，1980年，第120页。

（二）《凤凰山歌》，罗城·仫佬族，罗炳生、罗耀生唱，冯明洋记。

凤凰山无凤凰，黑天（啰）黑地，乌金煤矿深深（啰）（嗦哦的）藏（呀）（呀哈）

凤凰山盼凤凰，青天（啰）遥望，仫佬窑工苦难（啰）

（嗦哦的）当（呀）（呀哈）

凤凰山落凤凰，越城（啰）岭上，飞来金乌传吉（啰）（嗦哦的）祥（呀）（呀哈）①

①广西人民出版社编：《广西民间歌曲选》，广西人民出版社，1980年，第293页。

在这两首民歌中，凤凰被赋予了多重含义。一重仍旧是它代表吉祥福气的象征意义，另一重则是成了为穷苦的山民们带来新希望、获得大解放的党的象征。这两首民歌篇幅都很短小，所用词语也都通俗易懂，但其节奏明快，欲扬先抑。歌曲一开头短短几句就刻画出了“凤凰”飞来之前广大人民的生活状况，贫穷落后还饱受欺压，而待到“金凤凰”飞来时，人们的腰杆儿挺直了，眉头舒展了，嘴角也挂上了笑容。这两首民歌篇幅短小，具有强烈的抒情性，语言坚定有力，毫无矫饰晦涩之处。

（三）水族的《凤凰之歌》

水族聚居地区大都林木葱茏，森林资源丰富，土地肥沃，气候温和，雨量充沛，非常适宜农作物的生长。水族人对这片赖以生存的优越的自然环境充满着深深的爱恋，尤其是对禽鸟的感情尤深。而这种对大自然的钟爱，又集中倾注在一个被理想化的最美、最吉祥的鸟中之王“凤凰”身上。

哟咿哟……哟呵呵……

凤凰鸟啊，凤凰鸟，她住得好是遥远。

美丽的翅膀金黄黄，光亮的背脊花蓝蓝。

栖深山高站茶树，歌清澈胜似山泉。

红红嘴好是伶俐，歌悠悠赛过蜜甜。

哟唏哟……

愿天仙指我路径，同歌唱就在今天。

啊，我的凤凰鸟，你使我多么爱恋！

在《凤凰之歌》中，水族人多用叠词描绘出了他们心中的那只凤凰——她有金黄的翅膀、光亮的背脊，遗世独立、歌胜山泉，红嘴伶俐、歌声蜜甜。水族人虔诚地赞美凤凰的高洁与美丽，展示了他们对幸福吉祥的执着追求。

二、凤与民间器乐

在中国，民间器乐如同民间歌曲一样浩如烟海，但大体上可以分为吹奏乐器、弹拨乐器、打击乐器和拉弦乐器，在不同的地区或民族发挥着它们的作用。凤凰在工艺美术中表现为造型各异的工艺美术品，在民间歌曲里就表现为抽象的歌词语言，而在民间器乐中则通过民乐演奏者高超的技艺为听众营造出身临其境的感觉。在接下来列举的几种民乐中，凤凰或热烈欢腾、或细腻温柔，飞舞在民间广袤的田野上。

（一）唢呐《百鸟朝凤》[1]

唢呐是一种流行于中国大江南北的民族乐器，其可塑性强的声音使其既能表现热烈欢腾的氛围、壮阔雄伟的场面，又能展现细腻温柔的思想感情。在中国民间说到唢呐，必定会想起这首经典乐曲《百鸟朝凤》，因其经典性，2016 年上映了一部同名电影，表达了中国人应该持有的对待传统文化的正确态度。在唢呐曲《百鸟朝凤》中，唢呐充分展现了它极强的表现力，演奏者用一只唢呐可以表现布谷鸟、鹁鸪鸟、小燕子、山喳喳、黄雀、画眉、百灵鸟、黄蜡嘴等几十种禽鸟的叫声，杰出的唢呐演奏者能够为听众描绘出百鸟和鸣、气象万千的自然景象，令听者心潮澎湃，唤起他们对大自然的热爱。

《百鸟朝凤》这首著名的民间乐曲主要流行在我国北方的广大地区，其演奏内容共有八小节，通过唢呐层次分明、流畅自然的表现，演绎出一个完整的故事。

①程天健：《中国民族音乐概论》，上海音乐学院出版社，2004 年，第 227—251 页。

（二）笙乐《凤凰展翅》[①]

笙乐《凤凰展翅》是笙演奏家胡天泉与董洪德作于1956年的一首笙独奏曲，乐曲采用山西梆子音调，胡天泉还创造了“呼舌”技法，极大地丰富了凤凰展翅的形象。在音乐的起与伏之间，听者眼前好似浮现了一只于沉睡中苏醒的凤凰，它抖动着身体，慢慢地舒展开翅膀，羽毛华美，姿态高贵。

无论是笙还是唢呐，在民间艺术家的手里都成为他们最绚丽的画笔，一呼一吸之间就为听者绘出了一幅声色俱佳、灵动活泼的凤凰图，小小的乐器展示了凤凰之美、自然之美，一气呵成，宛如天籁之音。

①程天健：《中国民族音乐概论》，上海音乐学院出版社，2004年，第259—262页。

（三）锣鼓《凤点头》

在湖北的戏曲音乐中有一类鼓点，在《中国戏曲音乐集成·湖北卷》中频频出现，它以独特的节奏在上百首曲目里发挥着重要的作用，这就是锣鼓谱《凤点头》。前文提到楚地人自古崇凤，并且楚人有着如凤一般灵动飘逸、优雅浪漫的情感特点，故而表现在戏曲中，如凤点头一般姿态轻巧的锣鼓点营造出一种轻快优美的氛围，并被广泛运用在湖北各曲种当中。

三、凤与民间戏曲

中国戏曲的丰富与繁荣，是中国灿烂文化的一个表现，它在世界戏剧文化中也占有相当重要的地位。在这个独特的戏曲文化中，民间所创造和流传的戏曲，是不可忽视的。民间戏曲中有着极为丰富的凤元素，但此时的凤并不实指凤鸟，而是作为一种象征意象，指代戏曲中优美高洁的女性形象。

（一）黄梅戏

1. 黄梅戏《龙凤奇缘》选段，《洞房对唱》节选，主人公为苏文龙、钱彩凤。

（龙）新郎官是一位英俊男子，看身影观举止哪像呆痴？

（凤）这村姑身魁伟犹胜男子，夜入园即允婚匪夷所思，匪夷所思。

（龙）一瞥中闪过了熟悉身影，似又见彩凤妹婀娜身姿，婀娜身姿。

（凤）村姑她与苏郎朦胧相似，难道我心急切神迷眼滞，神迷眼滞。

（龙）彩凤啊，为了你我阴阳颠倒，阴阳颠倒顶红罗。

（凤）文龙啊，文龙啊！为了你我刚柔互换，刚柔互换掩青丝，掩青丝。

（龙）谁料想，咫尺天涯难相见。妹有心，寻遍天涯君可知，君可知，君可知。

（女）但愿得天公有情多作美，有情人如愿以偿，如愿以偿，如愿以偿有佳期，有佳期。

（男）但愿得天公有情多作美，有情人如愿以偿，如愿以偿，如愿以偿有佳期，有佳期。[①]

①徐高生：《黄梅戏经典唱段100首》，安徽文艺出版社，2004年，第113-115页。

这曲黄梅戏十分显著地展现了“龙凤”这一意象在中国人生活中的重要意义，不仅包含父母为儿女取名所赋予的美好期望，同时“龙凤”相偕又指代夫妻关系，并且对此类夫妻关系寄予深切厚望，堪称夫妻表率。曲中，苏文龙和钱彩凤这一对新婚夫妻在洞房之夜互诉衷情，解了误会，并在最后唱出“但愿得天公有情多作美，有情人如愿以偿有佳期”，借此夫妻二人之口唱出民间百姓对爱情的美好向往与夫妻和谐一生的祝愿。

2.《龙凤锁》（《药茶记》上本，黄梅戏后期剧目），主人公为苏文尚，他的一双儿女名为苏景龙、苏凤英。

该剧目中，龙凤锁是主人公苏文尚用来锁家中篆香楼珍宝库的，在赴甘肃上任前，苏文尚将龙凤钥匙交给自己的女儿苏凤英保管，以防续娶的妻子吴氏独吞财产。在苏文尚走后，吴氏果然找苏凤英逼取龙凤钥匙，由此发生了一系列故事。剧本节选，见下：

苏文尚（白）女儿有所不知，打坐客堂听道！

（唱）凤英儿不知情一旁坐定，你为父有言来儿听分明：

昨日里吏部文将我来命，圣命我到临阳管治万民。

有圣命难违抗要去上任，为父我实难舍兄妹二人。

家中的众钥匙晚母收领，有一把龙凤锁父不放心。

这锁锁的是无价宝，不能随便交别人。

与吴氏父虽有夫妻情分，但对她总有些戒备之心。

如若将宝锁她照应，怕的是窃家财坑害苏门。

思前想后主意定，龙凤锁付与儿苏门千金。

照看宝库最要紧，千万勿失宝和珍。

非是为父太把稳，因宝物是祖传贵似万金。①

①黄旭初主编、桂遇秋搜集校勘：《黄梅戏传统剧目汇编》，安庆市黄梅戏剧院编辑室编印，1995年，第130页。

在这部剧中，“龙凤”的双重含义体现了中国民间十分典型的文化倾向。其一，主人公苏文尚有一儿一女分别取名苏景龙、苏凤英，因父母总是在取名时寄托着自己的期望，那便是“望子成龙、望女成凤”，因此这双儿女的姓名蕴含着中国人对子女寄予的深切厚望；其二，“龙凤”本是世间祥物，代表着好运与吉祥，以“龙凤”命名珍宝库的钥匙，体现了珍宝之可贵、主人对珍宝之重视。

（二）民间小戏

民间小戏是集语言传承和形体表演为一体的民间艺术，它真实地反映了民间智慧与民众的艺术才能，为人们展现生活境遇和喜怒哀乐提供了一种最直接也最艺术的方式。民间小戏以其充分的现实性和坚实的生活基础收获了广泛的群众基础，它广泛地取材于民间的日常生活、劳动生活、爱情生活和社会现实，有的小戏取材于神话传说和历史故事，借演员之口表达劳动人民的生活理想和审美追求。

1. 评剧小戏

（1）评剧小戏《杜十娘》唱段，《赠凤》节选

（杜十娘白）不必为难把心放稳，此事也在我的身。这是一对珍珠凤，你设法去换二百两银。带银两去见柳公子，点点碎银表一表我的心，你言说柳公子慷慨成性，求他成全永不忘恩。

（李甲唱）多亏你赠我珍珠凤，接在手里愧在心。你的深情难答报。

（杜十娘唱）低声莫教妈妈闻。金鸡报晓天明亮，催促郎君快起身，莫忘了今日已满十天限。

（李甲唱）十娘只管放宽心。[1]

赠凤，赠的不仅仅是一对珠钗，更是杜十娘对李生的情真意切。当两人爱情陷入危难之际，杜十娘不同于普通女子的畏缩与忍气吞声，而是积极想办法挽救他们之间的爱情，奉献自己所有，令人动容，可惜的是，杜十娘最后还是落得凄惨下场，李生囿于蝇头小利，没有将银两拿去向柳公子求情以成全自己与杜十娘的爱情，最终两人还是没能够如愿以偿。

（2）评剧小戏《凤还巢》（根据同名京剧本改编）[2]

这部小戏主要讲的是兵部侍郎程浦将次女雪娥许配穆居易，其长女雪雁却在深夜冒充妹妹前去相会。穆居易见雪雁面貌丑陋且品行不佳，遂不辞而走，逃婚了。皇族子弟朱焕然得

①中央人民广播电台文艺部戏曲组编：《评剧小戏考》，上海文艺出版社，1985年，第20、79、240页。

②中央人民广播电台文艺部戏曲组编：《评剧小戏考》，上海文艺出版社，1985年，第20、79、240页。

知穆居易逃婚，心中窃喜，假冒穆居易到程家迎亲，没想到上轿的是长女雪雁。穆居易进军立功后，程浦再次提亲，穆居易以为还是那个雪雁，于是想要再次拒绝。可没想到最后出现在洞房中的是美丽贤惠的雪娥，穆居易喜出望外，得到佳人谅解，两人终于顺利成婚。

这一小戏是民间常见的假凤虚凰妄图鸠占鹊巢的情节，将美丽贤惠的雪娥比作凤凰，既展现了雪娥的美丽高洁又讽刺了丑女雪雁面丑心恶且冒名顶替的丑行，以圆满的凤还巢——有缘人终成眷属、美丽的雪娥收获了完美结局，满足了民众对善良诚实的歌颂和对欺瞒虚伪的嘲讽。

（3）评剧小戏《米酒歌》中选段《凤凰歌》，女主人公罗三姐，男主人公陈广均。

> （陈广均唱）凤凰南飞金银滩，云梦湖边竹林间。春风化雨三千里，日夜相伴在湖边。白日里湖边同劳动，到夜晚湖边交颈眠。打扮得金银滩花似锦，鸡鸭成群牛羊欢，粮食棉花堆满院，好一似头顶金山脚踩着银山……我们好似藤缠树，千丝万缕情意连；我们好似鸳鸯鸟，双双对对在湖里边；我们好似并蒂莲，风风雨雨紧相连。纵然天塌与地陷，要我们分开难、难、难！①

①中央人民广播电台文艺部戏曲组编：《评剧小戏考》，上海文艺出版社，1985年，第20、79、240页。

这出小戏运用了民间常用的意象，以凤凰与恩爱夫妻作比较，虽然两位主人公经历了坎坷的人生，但两人共度的这一段时光令人艳羡：日夜相伴、交颈而眠、情意相连、风雨不分。借男主人公之口唱出了夫妻二人情比金坚、恩爱如凤凰的美好爱情，表达了男主人公不愿与罗三姐分离的不舍之情。

2. 东北二人转

东北二人转发源于东北民间，在三百多年的发展历史中，东北二人转吸收了各地方的曲艺表演精华并为自己所用，发展至今，东北二人转形成了自己独特的表演形式和文化特点。东北二人转表演内容有很大一部分来自于历史传说，在历史传说的基础上进行修改编纂，用二人转独特的唱词展现了一出出精彩的戏。

（1）《青牛引凤》，小豆豆口述，耿长海记录整理。

《青牛引凤》主要讲了一个孝女在父亲死后被亲戚欺负、卖身为父安葬，后因唐王梦见凤凰在坟前哀叫，最终孝女得到唐王赏识成为正宫娘娘，其父遗体也得到了妥善安置。

丑　我梦见一头青牛将我来撵，
将我撵到黄土岗。
黄土岗上止住步，
青牛并未将我伤。
冲着黄土岗上哞哞叫，
我看见一座新坟就在黄土岗。
朕往坟上送二目，
坟前站只金凤凰。
那凤凰在坟前声声叫，
声音阵阵好凄凉。
为朕醒来是一梦，
不知这梦吉祥不吉祥。
唐王说罢梦中景。
旦　有一位老臣跪地上，
口尊我主万万岁，
这个梦做得相当吉祥。
青牛赶龙体是仙人指路，
坟前的凤凰是正宫娘娘。

这本是天作之合龙凤配，
我主何不前往看其详。[1]

①田子馥：《二人转传统剧目选》，吉林人民出版社，2011年，第85—89页。

在这个故事中，民间艺人传递出来的其实就是一个最简单易懂的道理，那便是女子孝顺值得为人称颂，品德美好、心地善良之人就如同凤凰一样，其命运值得最好的安排。因此在这个故事里，孝女被唐王请回宫做娘娘，那些欺负过她的亲戚们也受到了应有的惩罚。故事最后讲道：其父的坟前有三间石牌坊，借旦角之口说出来，“上面写着又贤又良的王小姐，典身葬父美名扬。孝心感动天和地，乌鸡也能变凤凰”，表达了民间对孝顺、善良的歌颂与赞同。

（2）《凤发接龙须》，高发口述，苗中一记录。

《凤发接龙须》也是基于明朝历史传说改编创作而成的，故事讲述了明朝燕王朱棣年少，因马国母不是其亲生母亲便百般刁难不让其归京，后来在一次战事中遇见了一位北国公主，年方十五，两人结为良缘。后来燕王谈及即位之事，说马国母要他“胡须飘胸前”才可回京，可是年少遥遥归无期。于是公主想出了一个好办法：

公主一听面带笑，
这点小事我能应，
驸马你在龙床卧，
凤发接须一次成。
金刚剪剪下青丝发，
接上了胡须飘前胸，
凤发接须天有份，
不愧燕王是守阙龙。[1]

②田子馥：《二人转传统剧目选》，吉林人民出版社，2011年，第159页。

在这个故事里，民间艺人将朱棣的经历增添上了传奇色彩，不仅杜撰出了一位在碧云山清光洞修行的北国公主，还为朱棣登基提供了一个机智又传奇的理由。在民间百姓心中，皇帝是真龙天子，皇帝的儿子就是龙子，而能与龙子相配的也就只有女中凤凰，这样一位杰出的女子不仅美貌无双，而且才智过人，在龙子为难之时想出奇招为龙子排忧解难，极大满足了人们对历史、对皇帝的猎奇心态，为这一历史传说附上了一层美丽浪漫的面纱。

第三节　传统舞蹈中的凤

舞蹈作为视觉艺术与听觉艺术相结合的人类活动，能带给观众最直观的美的感受和心灵的震撼。而舞蹈不仅可以模仿万物的生长与活动，还可以发挥想象进行编排创作。自古以来，关于凤的表演就有许多传说，古有“吹箫引凤”的神仙眷侣之美、龙凤相偕的福气祥瑞之兆，而流传于民间的各类传说更是给了广大民众更为广阔的发挥空间。现如今，全国各地仍流行着多种凤凰之舞，有的与龙相偕，有的与麒麟为伴，还有的是双凤共舞，美女、牡丹等都是凤凰之舞的配角。民间大众对凤凰的崇拜与喜爱，如此可见一斑。

一、全国各地凤凰之舞

“凤舞”作为中国民族民间舞蹈的一种，按舞蹈形式的主要特征为依据，主要包括：百鸟朝凤、百鸟灯、龙凤狮子灯、凤凰灯、戏凤凰、双凤凰、引鸾戏凤、凤凰戏社、龙凤灯。[①] 而在其他形式下也有凤元素舞蹈，如凤秧歌、龙凤船（旱船）、美女引凤舞等。

①高度、黄奕华：《中国民族民间舞蹈概论》，上海音乐出版社，2014年，第33页。

（一）《美女引凤舞》

《美女引凤舞》是徽剧剧目《齐天乐》中插入的表演性舞蹈。《齐天乐》的故事是说东汉光武皇帝刘秀登基后，国泰民安，四海升平。刘秀诞辰时，“袄东国”进贡美女一名，“佛夷国”进贡彩凤一只，在乐手的吹奏声中，美女引彩凤上殿起舞，以贺寿诞。舞毕，百官齐奏：“今日吉辰，彩凤起舞，可谓龙凤呈祥，天下大吉。”刘秀大喜，将美女、彩凤赐给皇后，留在宫中，以兆吉祥。从此，每逢刘秀诞辰即在殿上跳美女引凤。上行下效，民间亦在刘秀诞日化装美女、彩凤上庙进香欢舞。[①]

①《中华舞蹈志》编辑委员会：《中华舞蹈志·安徽卷》，学林出版社，2014年，第153页。

舞凤者（男性）将凤头套在头上，两手臂穿入凤翅膀下面缝制好的红布袋中，操纵凤的两翅扇动。美女则由女性扮演，不仅要戴插一对翎子的凤冠，服装也是特制的，华美无比。美女主要做戏曲程式动作，有“掏翎”“花梆步引凤”“理羽毛”“小跳步”等，彩凤的动作有“收翅花梆步”“双展翅”“小快步”“凤点头”“单跪单展翅”等。美女端庄典雅、富丽华贵，彩凤温驯祥和、玲珑可爱。舞蹈表现了人与凤嬉戏、玩耍的情趣，动作细腻，步伐轻盈，具有典雅、柔美的艺术特色。

（二）《引鸾戏凤》

此舞流行在安徽省黄山市休宁县山斗乡一带。[②]山斗乡地处休宁县的东部，物产丰富，民风淳朴。每逢农历元宵、中秋佳节，为了祈福纳祥，自娱自乐，家家悬灯结彩，奏乐击鼓，结队游舞。彩灯舞队先由稻草扎成的黄龙和制作精细的巨狮、鳌精、蚌姑依次表演。接着是周身遍插香火，头、腰、爪、尾点燃细小红烛的一鸾一凤在八位手提宫灯的少女簇拥下表演。高潮时，人们将花筒、地炮、烟火一起点燃，霎时间夜空中彩辉交映，流萤缤纷，烟雾迷漫，一鸾一凤在流光和烟雾中扇动翅膀，上下翻飞，景象壮观。

②《中华舞蹈志》编辑委员会：《中华舞蹈志·安徽卷》，学林出版社，2014年，第163页。

休宁县在明、清之前，多商少农，经商者致富之后，爱举办灯节、赛会，炫耀乡里，并求吉利。灯彩的制作不惜糜费钱财，追求精美。《引鸾戏凤》全县境内形制不一，有“单凤独舞”“鸾凤戏舞”“童子舞凤”等。山斗乡老艺人程静干说，以前表演只有一鸾一凤，直到1949年新中国成立前后，才加进八个提灯者，形成现在的表演形式。

（三）《龙凤船》

《龙凤船》是旱船的一种，因船篷前后分别制有龙头、凤头而得名。原先仅在宁夏回族自治区固原市开城乡黑刺沟一带流传，后传于二十里铺，多于春节、元宵节期间表演。[①]

由四人表演。两位船姑（需男扮女装）共“乘”一船，艄公和丑小子同划一船。船无头尾之分，时而“龙头”在前开道，时而“凤头”在前引路，船既可顺行，又可横行，还能原地打转。艄公分别位于船前、船旁，场中划桨引船，丑小子则始终尾随船后，边划桨边打“小洪拳”，还时时不忘挑逗船姑，引人发笑，起活跃气氛的作用。两位船姑位于船中，可随意地左、右转身，不时调整各自面向，他们一会儿转成面相对，一会儿转成肩相靠，一会儿并排向同一方向，一会儿前后向同一方向，一会儿又各自原位旋转，构成别具一格的行船动作。

据民间艺人讲，早年船姑按戏剧中青白二蛇的装束装扮，后来，渐改为一般旦角装扮，头饰从简，用红绸绣球包头，还要戴墨镜。艄公和丑小子，一个头戴草帽圈，挂黑色吊搭；一个戴毡帽，装夹鼻胡，均穿茶衣、便裤（颜色有别），腰系白水裙。

（四）《百鸟灯》

《百鸟灯》是流传于浙江青田县的一种大型民间彩灯舞蹈。由十四位手举纸扎鸟型道具的姑娘表演。[②]《百鸟灯》队的组织形式有两种：一种是由本村的民间灯舞艺人自动组织，挑选

①《中华舞蹈志》编辑委员会：《中华舞蹈志·宁夏卷》，学林出版社，2014年，第146页。

②《中华舞蹈志》编辑委员会：《中华舞蹈志·浙江卷》，学林出版社，2014年，第85页。

本村青年组成“某村百鸟灯”；另一种是以宗族名义组织，挑选本宗的青年进行训练，叫“某村某姓百鸟灯”。前者纯属娱乐性，后者还有光宗耀祖的目的。

《百鸟灯》以优美的纸扎造型、飞禽的自然风姿、各具特性的舞步为元素，通过人体运动与彩灯造型的巧妙结合，塑造了别具山野土味的舞蹈形象。舞蹈中众鸟群起群伏，时飞时落，使轻松、活泼、欢快的气氛贯穿整个舞蹈。舞至高潮时，群鸟高翔低掠，大起大落，最后舞蹈结束在“百鸟朝凤”“孔雀开屏”等五彩缤纷的画面中。

（五）《龙凤狮子灯》

它是流传在浙江温州泰顺县上洪一带的民间灯舞。《龙凤狮子灯》走上舞台后，编排成游龙戏凤、狮子诱凤、龙狮斗、龙凤狮子庆等四段舞蹈。[①] 长期以来，人们一直把龙、凤、狮子视为辟邪的神兽和吉祥的象征，因而，这一灯舞深受广大群众的欢迎。

①《中华舞蹈志》编辑委员会：《中华舞蹈志·浙江卷》，学林出版社，2014 年，第 161 页。

（六）《双凤朝牡丹》

该舞是广东省阳江市沿海群众喜闻乐见的吉庆类民间舞蹈。多在农历年春节、元宵节期间表演。[②]

②《中华舞蹈志》编辑委员会：《中华舞蹈志·广东卷》，学林出版社，2014 年，第 174 页。

《双凤朝牡丹》也有一个有趣的传说。传说，天上老龙王在一次降雨时，弄错了城里和郊乡的降雨量，本应该是城里降三分，郊乡降七分，结果老龙王给城里降了七分，造成城里洪水淹死了许多人，郊乡降了三分，造成田地干旱，农民颗粒无收。玉皇大帝知道后十分生气，下令将老龙王治罪斩首，后丢在昆仑山。有一天，张果老云游到昆仑山，问明缘由便将老龙王救活了，可是老龙王却不敢再回天宫，就在昆仑山摆下龙门阵。后来有一位牡丹仙子来到昆仑山，看到龙门阵后兴趣盎然，决意要解开此阵。于是，入山引出一对凤凰，终于把这个龙门阵解开。瞬时，但见昆仑山金光灿灿、百花盛开、牡丹怒放、龙飞凤舞，人间呈现满园春色、百鸟和鸣的壮丽景象。从此，民众过着幸福愉快的生活。后来，人们为祈求吉祥如意，憧憬美好幸福的生活，根据上述传说，编演了独具特色的《双凤朝牡丹》，以供节日欢庆娱乐。

（七）《双凤舞》

《双凤舞》主要流传在广东省清远市阳山县杜步镇旱坑村。每逢春节、元宵、端阳、中秋等民间节日进行表演，此外也在乔迁新居、婚嫁喜庆等场合表演。[1]

《双凤舞》来源于一个美丽的故事。古时候，在邓家寨寨前河边的梧桐树上，栖息着一对美丽的凤凰。有一天，朝廷官老爷路过，顿起歹心想把凤凰据为己有，谁知他使尽浑身解数也未能得逞。后来一牧童来到梧桐树下歇息，吹起清脆悦耳的笛子。彩凤听闻随即从树上直奔牧童跟前来，翩翩起舞。牧童以花引凤，令观者惊叹不已。此舞蹈动作矫健、生动活泼、变化多样。基本动作主要有“举拜匣”“举匣亮相”“行礼”“交替步”“三步一抬”“凤颈相交”“理羽毛”“踏步扬头”“抬头远望”“展翅飞翔”等。舞蹈将凤凰随乐起舞的恣意飞翔和欣喜愉悦表现得淋漓尽致，令观者仿若身临其境。

（八）《舞凤》

该舞又称“凤舞”或“舞鸡公”。民间视凤为太平盛世的象征，按常规，凤嘴必叼一块上书“国泰民安，风调雨顺”的吉祥牌，以示祥瑞。[2] 楚人以凤为本民族图腾，在楚人眼中，凤是至真、至善、至美的神鸟。楚人对凤鸟的图腾崇拜，其遗存下来的活体艺术形式则是现今仍在民间流传的凤舞。

荆楚大地的凤舞是人们借助道具模拟凤鸟表情、姿态、生活习性的舞蹈。[3] 它常在每年春节期间举办的灯会上表演，是吉祥的象征。与龙舞相比较，凤舞表演形式单一，流传面也相对窄一些，它常作为整个花灯队伍中的一员，大多起配合、烘

①《中华舞蹈志》编辑委员会：《中华舞蹈志·广东卷》，学林出版社，2014年，第181页。

②《中华舞蹈志》编辑委员会：《中华舞蹈志·广东卷》，学林出版社，2014年，第184页。

③柳雅青：《荆楚舞蹈》，武汉出版社，2014年，第34页。

托作用，尤其与龙共舞有“龙凤呈祥”之意。

（九）《戏凤凰》

该舞将凤与凰分开，由一人扮演凤，一人扮演凰，是一种表现“凤求凰”的双人舞。凤和凰穿戴相同，唯一区别是凤冠前系丝质大红花，凰冠前系麻质红绣球。《戏凤凰》基本动作以脚下碎步、双臂上下起落扇翅为主，以双手碎抖翅、脚下小碎步、磋步等变化为辅。典型舞姿是“丹凤朝阳”，即上身前倾，双手身体两侧平伸，一腿向后高抬起，类似中国古典舞中的“探海”舞姿。双人舞蹈动作是围绕对方转一周，并同时抖翅。双人造型为凤在上、凰在下，凤胸部紧贴凰背部，二人叠加在一起，手平伸开做碎抖翅，以表现“凤求凰”。实际上，《戏凤凰》表演的就是凤与凰调情，追逐逗趣，最后交配的过程。

舞蹈在一定程度上反映了人们的潜意识，现在流传的一些凤凰舞蹈，会有凤凰交配、龙凤相戏、鸾凤共舞的情景，而这些在人们的心理中代表了最朴实的生殖崇拜的意识。《史记·殷本纪》云：“殷契，母曰简狄，有娀氏之女，为帝喾次妃。三人行浴，见玄鸟堕其卵，简狄取吞之，因孕生契。”这便是著名的“玄鸟生商”的神话传说。关于“玄鸟生商”的神话传说，郭沫若曾指出：“我相信这传说就是生殖器的象征，鸟直到现在都是（男性）生殖器的别名，卵是睾丸的别名。”[①] 商器有“玄鸟妇壶”，其铭文由“玄鸟妇”三字组合而成。它也从另一个侧面传达出了殷商时代确实存在着鸟授孕生人的信仰。鸟在远古社会中，与人类生殖存在着一定的联系，鸟往往影响着人类后代的繁衍。[②]

婚恋是人类生命繁衍的一个非常重要的环节，生育则是人类生命繁衍的关键性环节。对子孙的期盼是人类自古以来的共同追求，而在十分讲究家庭与子孙绵延的中国，更是把多子多

①郭沫若：《郭沫若全集》，人民出版社，1982年，第328—329页。

②廖明君：《生殖崇拜的文化解读》，广西人民出版社，2006年，第432页。

孙当作多福多瑞的象征。在民间，人们对于子孙后代的渴求不仅仅在新婚之时，祝福新婚夫妻能早生贵子、多子多福，还在群体集会时共同参与，为人们共同的企盼而活动。凤凰不仅是祥瑞的象征，能给百姓带来福气和幸运，凤凰作为鸟之王，还肩负着带来生育旺盛的任务。民间常以“颠鸾倒凤”“凤友鸾交”等词语形容男女之事，并以此动作当作多子多福的象征。在大型民间集会，如春节、元宵等节日时，人们以舞蹈表现凤凰交配，来传达内心对子孙绵延的最真实的企盼。

从社会心理学角度观察民俗，任何民俗都是一定民众群体的共同的心意表现，这种心意一旦成型，它就构成一定的心理民俗定势。在民间，凤凰自古便被赋予了“吉祥”“好运”“和睦”“恩爱”等象征意蕴，而这原本并不实际存在的神鸟，缘何能够在中华民族几千年的历史中生生不息，且其形象亦被广泛采用呢？究其根本，是民众心底对“吉祥”“好运”“和睦”“恩爱”等美好事物的强烈期待，让他们寻找到了凤凰这一心理寄托。

（十）布傣花凤舞

花凤舞是上古时期我国南方民间乐舞中“持羽舞”的一种，它独流传于广西金龙镇板烟屯的布傣人，是他们特有的文化符号。花凤舞是布傣人庆祝各种节庆活动的表演节目，也是当地重要的民俗体育活动，更是民族特质和地域风貌的缩影。花凤舞在民族志和地方志中都有所记载，最早见载于《周礼》之中，属中国古代周王朝“夷乐”的范畴；《龙州县志》中对表演形式记述道：“表演时，表演者身着凤凰鸟服饰和道具，在轻松欢快的音乐伴奏下，模拟凤凰走动、跳跃等动作，同时，在表演过程中，演员用线牵引着连接的凤嘴，使其上下起合，发出清脆悦耳的声音，向人们传递祝福和喜悦。”①

随着社会的进步，花凤舞的表演道具不断改进改良，表演

①黄德俊：《桂西文史录》（第六卷），广西人民出版社，1995年，第172页。

形式不断改变，功能不断拓展，文化内涵不断丰富。花凤服饰由凤头、凤身、凤尾三部分组成，其中凤头由银木制作而成，目的是为了让凤嘴发出的声音更为悦耳动听，凤嘴和凤冠皆为红色，凤头则为蓝色，这样的造型看起来更加美观；凤身背部颜色以绿色为主，绿色上边有黑色花纹，象征凤凰的翅膀；凤尾是在服饰改良过程中新添加的造型，目的是为了更契合“凤凰”的形象。花凤舞由一人表演，表演比较随意，表演动作和出场位置没有严格要求，主要是根据伴奏和表演的场合随意发挥，其中喜悦为左右跳步，悲伤则做踏步和下蹲步。花凤舞一般在新婚、乔迁新居、节庆等场合进行表演。在旅游业发展等因素的影响下，花凤舞从“凤鸟娱亲”“凤舞娱人”发展到了“凤舞娱天”。[①] 它的社会功能也由文化传承、民族交流、娱人自娱向休闲健身方面拓展。花凤舞不仅是广西少数民族民间文化中的奇葩，更在历史的演变中焕发出历久弥新的永恒价值。

①陈支越：《龙州布傣花凤舞健身价值研究》，《广西民族大学学报（哲学社会科学版）》2014年第6期。

二、2012年春晚开场舞《龙凤呈祥》

舞蹈艺术是以经过提炼加工的人体动作作为主要表现手段，运用舞蹈语言、节奏、表情和构图等多种基本要素，塑造出具有直观性和动态性的舞蹈形象，从而表达人们的思想感情的一种艺术形式。[②] 舞蹈要通过艺术的表现手法、简化的肢体动作等手段展现出人们内心的精神世界，并创造出被人接受的舞蹈形象，用来呈现舞蹈者的情感、理想和审美，同时，舞蹈也需要有音乐的伴奏、特定的服饰、相应的道具、必要的灯光和布景，总之，舞蹈是一种富有空间性、时间性和综合性的动态造型艺术。在现代社会中，人们经常在艺术表演舞台上看到凤凰造型、凤凰动作、凤凰主题的舞蹈，用来表达对美好生活的追求和向往。

②李荣启：《人体动作美的创造——舞蹈艺术语言阐析》，《美与时代月刊》2012年第4期。

2012年龙年央视春节联欢晚会开场舞《龙凤呈祥》，不仅凸显了中国传统生肖文化，更让高科技下美丽的舞姿发挥到了极致，构造了舞蹈动作的立体美。舞蹈《龙凤呈祥》第一个板块之中，六十七位身穿红、黄色调的舞者，在领舞“凤”扮演者李倩和“龙”扮演者张傲月的带领下以及在LED背景屏构造红黄花纹的图形的配合下，创造出了舞蹈多元的视觉冲击力，成功地呼应了吉祥如意、合家团圆的主题。在第二、三板块中，舞蹈中“龙”的舞姿刚柔并济，彰显男性的魅力；“凤”的舞姿，在阴柔的基调中展现，在LED背景屏幕上不断穿梭在天地间凤凰的衬托下，显得更具有魅力。“凤”依附在“龙”身上翩翩起舞，展现出了表演者高超的演技，呈现出了静态美与动态美的完美统一。进入第四个板块，伴舞把“凤”围簇在中间，“凤”则以高超的舞技站立在伴舞者身上，伴舞者以结实的身躯随着升降台慢慢地把“凤”给升起来，在大屏幕光影的衬托下，“凤”顶天立地的舞姿造型也逐渐由小变大，到凤凰腾飞的一瞬间，充斥在天地间的龙凤文化精神，与舞蹈动作、舞台、背景融为一体，创造出一幅栩栩如生的画卷，让观众有身临其境之感。第五个板块则彰显了气势恢宏的龙凤共舞的场面，随着舞蹈进入高潮阶段，“龙”和“凤”两位领舞者跑向舞台后侧，伴舞们则依次跑上舞台，以他们两个为核心，共同在舞台上构造了“龙”和“凤”的整体形象，在背景灯光和音乐的烘托下，成功地营造出了龙凤呈祥的完美意境，向全世界的观众展现了中华优秀传统文化。

总之，2012年的央视春晚上，舞蹈《龙凤呈祥》以强烈的视觉冲击力，完美的“龙凤呈祥”的意境，营造出了和谐愉悦的场面和氛围，让观众们享受了这场视觉盛宴。

第七章

凤凰涅槃：凤民俗的当代传承发展

在中国浩瀚的历史长河中，“百鸟之王”的凤凰作为中华民族独特的吉祥文化象征符号，陪伴中国老百姓走过了几千年的历史进程，承载着不同时期的民族精神和文化内涵，传达出丰富多样而深刻厚重的象征意味。从单薄的神鸟演变成了仪态万千的吉祥鸟，凤连接着民众精神世界的理想与现实，寄寓了民众祈福求吉的心愿和对美好生活的向往，被勤劳智慧的中国人采用比拟、象征等表现手法，广泛地应用到日常生产生活的各个领域。

当前，社会主义新时代为凤民俗文化资源的创造性转化、创新性发展提供了宝贵历史机遇。凤民俗置身于推动文化产业成为国民经济支柱产业的国家战略洪流中，对其进一步挖掘利用和创新传承，有着极其深远的影响和无比广阔的前景。除了广泛应用于商标广告、文学创作、电影电视、动画游戏等领域之外，凤民俗在民间工艺设计、文化旅游开发等民俗文化创意产业领域，有着不容低估的市场潜力，可以取得不可限量的社会效益和经济效益，发展前景值得期待。

第一节　创意设计对凤民俗的传承发展

在民间工艺等创意设计领域中，设计者们以文化、美学、用户为核心概念，通过将头脑中形成的凤纹图案的想法或创意，借助一定设备和工具，进行联想、夸张和变形，最终通过相应的艺术产品载体呈现出来，全面提升用户体验、产品文化内涵与生活环境品质，某种程度上是对凤民俗的挖掘传承、创新发展。

一、凤民俗对于创意设计的价值

符合现代审美设计的凤纹图案主要是为了吸引受众的关注，最终实现宣传、销售自己产品的目的。在现代创意设计中，凤纹图案常常融入民间工艺、建筑设计、书籍装帧、服装设计、广告设计、室内装饰等领域，主要应用在服装、首饰、标识、商标之中，用以增强工艺美术、设计产品的文化内涵。日本和丹麦的设计之所以举世闻名，其中一个重要的秘诀就是其在注重借鉴外来优秀文化的基础上，更强调汲取本民族经典传统文化的精髓。文化内涵对设计创意灵感的产生有着显著的影响，研究中国凤民俗，把象征中华民族精神的凤纹图案转化成具有现代象征意义的符号，融入现代创意设计之中，达到创作者、设计者、消费者们特定的精神追求。通过创新创意，将凤纹图案进行抽象变形、分解组合、解构再重构，以求精准传达所赋予的象征寓意。

在现代设计艺术中，以创造力想象力为原点、以凤民俗为灵魂、以凤形纹样为形式的工艺产品，能够唤起现代人对中华民族优秀传统文化的共鸣。巧妙地将这些具有美好寓意的凤凰民俗元素运用到设计之中，并辅之现代时尚元素，不仅可以使设计创作的作品、商品、产品符合现代人的审美情趣，还可以让更多的国内外民众在潜移默化之中感受中国凤凰祥瑞文化，进而让传统吉祥图案在现代社会中创造出更大的经济效益和社会效益。

二、传承发展凤民俗的基本原则

随着现代消费者对传统文化的追捧，传统凤纹图案作为一种设计元素，开始成为许多创意设计领域关注的焦点。同时新技术、新材料的发展也为传统凤纹图案元素在现代设计中的创新应用提供了无限可能。先民留下了许多惟妙惟肖的凤纹图案，但是单纯照搬照抄这些遗留下的凤纹图案不能满足现代消费者的审美需求。越来越多的设计师包括凤民俗的传承人开始尝试以凤民俗元素为切入点来进行创意设计和灵感挖掘，他们对传统凤纹元素加以改造、提炼和运用，使其与时俱进、历久弥新、浴火涅槃，进而更加符合现代人的视觉审美和消费时尚。现代人应该以现代审美的角度为着眼点，全方位、深层次地挖掘传统凤纹图案的设计理念，提炼其赋予的文化内涵和精神特质，并结合时代的要求，借助于工艺品的造型、材料、功能等，创造出独具中国文化内涵的工艺产品。

凤民俗的当代传承发展，应遵循三项基本原则：

1. 蕴含人文精神

凤凰作为中国传统吉祥图案在潜移默化中也受到“和谐”“中庸”“天人合一”等哲学思想的熏陶，因此，古代凤凰图案在实际应用中被赋予了这些人文精神内涵，体现了古代中国人的审美情趣。“中庸”文化的思想在传统凤凰图案设计中表现得淋漓尽致，在构图上强调秩序，讲求左右的绝对对称，做到大小、主次、疏密合理布局。在现代手工艺产品设计中将传统凤凰图案设计的精髓进行提炼并加以升华，在把握经典凤凰图案所蕴含的神韵的同时，运用现代的工艺技术进行创新，从而达到殊途同归之妙。

2. 强化创意创新

传统凤纹图案是现代手工艺产品激发灵感的源泉，但是这并不意味着传统凤纹图案的运用要完全地抄袭古人设计，这不符合现代审美追求。我们应该寻找传统文化与现代手工艺设计的完美契合点，而不能生搬硬套、牵强附会，只有运用不同的设计手法，做到传统与现代的完美契合，把两者的优势进行完美地衔接，才能实现对凤纹的完美设计。

3. 注入时尚元素

色彩不同代表的文化寓意也不同，受地域、文化、思维的影响，不同的民族对颜色也有不同的偏爱。在中国，红色一般代表着尊贵，是富贵和激情的象征，深受中国民众的喜爱。因此，在现代工艺设计中嵌入“火凤凰”的色彩元素，既有古典高雅美又有现代时尚美。恰当的颜色应用在现代工艺产品设计中不仅能够传达某种设计理念，而且能够以颜色特有的吸引力激发消费者的购买热情，达到影响人、吸引人、感染人的目的，从而提高产品的市场竞争力。

三、传承发展凤民俗的化用方式

凤纹元素融入现代产品设计中，是凸显产品独特性、民族性、时代性的主要方式，这样的创意融合，不是机械地照搬照抄古人已经设计好的凤纹图案，而是先去认识和了解凤纹图形，并在此基础上，逐步挖掘、变形、重构凤凰图案，让凤凰图案或者纹路成为创意设计的一个切入点，从而设计出符合现代审美需求的作品。在服装造型的装饰上，设计家们使用凤凰图案或者纹路点缀服饰；在商标的设计中，通过对凤凰图案的分解、变形，达到装饰的效果，进而实现传统与现代的有机统一；在宣传海报之中，设计者也常用凤凰作为宣传图案的组成部分，使设计的主题更具有中国文化寓意。创意设计传承发展凤民俗，一般有三种化用方式：

1. 直接应用

在中国历史长河中，留传下来了许多造型多样、内涵丰富、形式多样的凤凰图案，为现代工艺品提供了取之不尽、用之不竭的素材。每个时期的凤凰，人民群众都赋予了它们不同的形象、不同的象征意义、不同的历史故事，设计师根据现代消费者的不同需求，选用不同的凤凰形象，为新时期的民间工艺设计增添了恰当的装饰元素，满足了现代消费者的审美要求。另外，我们也经常看到凤纹图案与传统几何纹样进行创意组合，然后直接应用于工艺品中。设计者首先通过巧妙的创意构思，把凤纹与云纹、花纹、回纹等纹路组合在一个平面之中，构造成一幅符合现代消费者审美需求的意境深远的图案，然后通过标准化的生产线批量应用于工艺产品之中。

2. 变形运用

现代装饰图案追求的是简洁大方，而古代的凤纹图案受中国传统文化的影响，文化内涵和象征意义不断丰富，逐步演变成了复杂、烦琐、多样的形象图案，这就导致有的传统凤纹不适合直接运用，也不符合现代人的审美需求，所以在现代工艺产品设计时，需要对凤纹图案的样式进行合理改变。在对凤纹图案的变形重构中，夸张和变形是设计师经常采用的表现手法，其目的是在“形似”的基础上，通过夸张和变形的手法凸显凤纹图案的某些与众不同的特征，使整体形象更加鲜活生动，富有感染力，彰显凤纹图案的本质特征，达到“神似”的效果，进而起到装饰的效果。夸张变形总体可分为静态夸张、动态夸张、整体夸张、局部夸张等多种形式。化繁为简是设计师常采用的另一种表现手法，即把烦琐复杂的凤纹图案简单化、抽象化、艺术化。设计师要在把握凤纹图案形态和神韵的基础上，把烦琐的部分舍弃掉，使凤纹图案更加简洁明了，进而达到“形”散而“神”不散的效果。

3. 分解重构

分解是指设计师将原有的凤纹图案分解为若干个部分或者元素，重构是先对分解的元素或者部分进行筛选，然后在设计需求的基础上将其巧妙地重新组合起来。根据现代审美的需求可以将凤纹图案进行有规律分解或无规律分解，有规律分解是对原有的凤纹图案按照一定的方向性进行横向或纵向的有规律分解；无规律分解则是对原有的凤纹图案进行随机性分解。在设计产品时，设计师会在延续原有凤纹图案文化寓意的基础上，结合创造性创意和现代科技，通过巧妙地拆解、组合，将蕴含着时代特色的元素融入其中，使分解重构的图案元素更加丰满，文化寓意更加丰富，最终实现凤纹元素与现代工艺的有机融合。

四、凤民俗元素在创意设计中的应用

在平面设计、包装设计、首饰装饰设计等创意设计产业领域，凤民俗元素有着广泛的应用。

1. 凤民俗元素在平面设计中的应用

平面设计，是以“视觉”作为沟通和表现的方式，通过多种方式借助符号、图片和文字来传达想法或讯息的视觉表现艺术。[①] 它是传递信息的载体，连接人与社会之间沟通的桥梁，帮助企业树立形象的工具，反映一个国家、地区、民族审美需求的缩影。设计师在进行平面设计时直接使用那些具有象征意义的传统吉祥图案，用来诠释某种内涵，表达某种感情；或者对传统吉祥图案进行抽象概括、分解重组、夸张变形，达到形变神似的效果；或者将传统设计理念融入到现代创意设计图形之中，进而彰显民族特性。

①符前开：《艺术设计之平面设计》，《环球市场》，2016年第3期。

标志是设计师要传达的主要设计要素，也是吸引受众的主要元素。标志的图形、文字、色彩决定了其他组成元素的构成形式，它们都要围绕着标志主题的寓意进行设计。不同主题、不同行业的标志有着不同的寓意：国家层面采用凤凰主题的标志是为了传达美好、和谐的理念；企业层面用凤凰作为企业的标识多用来代表企业的经营理念、产品特点、企业文化等。中国传统吉祥图案数不胜数，且每个吉祥图案背后都有着美好的寓意和丰富的文化内涵。在标志设计中借用这些传统吉祥图案，在某种程度上可以唤起受众情感的共鸣，促进人们对中国传统文化的了解。

2008年北京奥运会火炬接力标志以奥运五环、举办的时间和地点、人物和色彩为基本元素，以凤凰图案、祥云、中国红为创意源泉，实现了奥林匹克精神与中国文化的结合，具有强烈的时代特征和丰富的文化寓意。它的设计灵感来源于中国的“火凤凰”的概念。设计师用火凤凰的形象来象征熊熊燃烧的圣火，实现了凤凰图案与西方近代奥运圣火的巧妙嫁接，做到了传统与现代、东方与西方文化的有机统一。设计师把凤凰美好、吉祥的文化内涵融入火炬接力标志之中，通过相互之间的传递，表达了中国人民希望把北京奥运会的美好祝愿传递到五湖四海、带给全世界。

凤凰卫视有限公司成立于1996年，凤凰卫视以凤凰为名，同时也用凤凰图案作为自己卫视的台标。凤凰卫视的台标外形是两只抽象、旋转的凤凰组成的一个圆，两只凤凰中间有一只眼睛，用来关注全世界的信息。台标颜色主要是在中国传统文化中象征高贵的黄色，黄色之中，又有意味着激情无限的红色，两种颜色相辅相成，相得益彰，因此凤凰造型的台标深受国人的喜爱。凤凰卫视有限公司之所以用凤凰造型作为自己的台标，有着更深层次的内涵。首先，凤凰在中国传统文化语境之中有重要的话语权，公司领导希望凤凰卫视像凤凰一样，在媒体界占据举足轻重的地位。其次，凤为雄，凰为雌，一凤一凰的尾部呈弧形打开朝外，这寓意着公司希望借助凤凰卫视这个平台汲取全世界优秀文化的营养和吸收先进的经验，同时，将中国源远流长、博大精深、内涵丰富的优秀传统文化传递到世界各个角落，更希望中国以开放的思维、开阔的视野、广阔的胸怀去感受全世界的文化。最后，一阴一阳的两只凤凰在一个圆内和谐相处，这与中国道教的太极图案有着异曲同工之妙，寓意着此消彼长，寓意着在东西方意识形态之中取得了巧妙的平衡，寓意着儒家“和谐”的理念，寓意着融合、交流。总而言之，凤凰造型的台标与凤凰卫视“开拓新视野，传播新感受，记录新生活，创造新文化”的使命不谋而合。

除了北京奥运会火炬接力标志、凤凰卫视台标之外，还有许多行业企业用凤凰造型或者纹路作为自己的标识，如：中国国际航空股份有限公司的标志、中国电信天翼标志、香港中文大学校徽、金店“老凤祥”的商标等。

2. 凤民俗元素在包装设计中的应用

随着时代的发展，商品外边的包装也由保护与盛载产品向促销商品、扩大销售拓展，因此，通过赋予产品包装文化内涵和精神内涵，使产品包装在视觉上更具形式美，是提高产品的附加值、增强企业竞争力的重要途径。在现代市场经济模式中，融入传统优秀文化，也成为提高商品附加值、增强市场竞争力的重要途径。

我国历史悠久，文化底蕴丰厚，如何将这些具有中国特色的文化与商品包装结合起来，走中国特色的包装设计之路，一直是众多设计者关注的焦点。在当今时代背景下，我国与世界经济联系得越来越紧密，包装设计也越来越国际化，但如果只是在西方包装设计行业后边亦步亦趋，而不去彰显自己本民族的特色，那么我们只能永远走在西方国家的后面，不能做行业的领头羊。我国有着五千年的历史，祖先留下了大量的物质文化资源和精神文化资源，中国传统吉祥图案就是重要的组成部分，它被现代设计者广泛应用在包装设计领域，而且也得到了国内外消费者的认同。我国地大物博、资源丰富，因此造就了许多具有我国本土特色的产品，而这些依托于中国地域环境产生的特色产品，在包装设计上往往会在传统文化之中选择与商品存在关联性的图案。凤凰在我国具有美好、吉祥的寓意，许多企业纷纷用含有“凤”字的词语作为自己企业的名称，为了与自己的产品相呼应，提高产品的竞争力，他们就把凤凰图案或者造型应用到产品的外包装之中，不仅引起了消费者的关注，更让传统文化在商品流通过程中得到了传承。

北京凤凰奇境酒的外包装具有鲜明的北京特色，瓶盖选用七彩祥云和色彩恰当的凤袍，瓶托借鉴了传统手工雕漆刻画技艺，瓶体的内画是动静相宜的山水，瓶身图案由凤凰造型与云纹构造而成，这样就让整个包装流露出高端大气、雍容华贵的气质。它由清华大学美术学院教师陈磊设计，并在2005年荣获代表国际包装设计界最高水平的“世界之星”大奖。作品的设计灵感来源于景泰蓝和鼻烟壶。设计者把具有北京文化特色的物品作为出发点，将凤凰图案融入其中，中间添加云纹辅以动感，在视觉方面形成动中有静、静中有动的有机统一。在色彩方面具有浓厚的中国特色，把凤鸟纹与包装结合，值得后来设计师学习参考。

“西凤酒”古称秦酒、柳林酒，是我国四大名酒之一，它始于殷商，盛于唐宋，一直延续至今，已有三千多年的历史。之所以叫西凤酒是因为它产于陕西省凤翔县（今宝鸡市凤翔区），是民间传说中产出凤凰的地方。为了充分彰显西凤酒历史悠久，西凤酒有限公司常常用凤鸟纹作为酒瓶、酒盒、手提袋的主题造型或图标。例如“东方凤凰鸿运当头·西凤酒”的酒瓶设计，采用昂首翘尾的凤凰为瓶身造型，材料以红色陶瓷为主，凤身用雍容华贵的花朵点缀，尽显百鸟之王的霸气姿态；又如“红色经典·西凤酒”包装则强调创新，为了展现凤凰翱翔九天的形象，包装正面设计了一个镂空状的振翅高飞的凤凰造型，镂空部分镶嵌特殊透明材质，让消费者透过外包装就能看到若隐若现造型别致的酒瓶，立体感强，给人带来不一样的审美感受。在酒盒的包装上，顶部印刷的是金色纹样的西凤酒商标；正立面镂空的凤纹以金色商标为中心向两侧伸展，展现飘逸美；底部显著部分则是对称的凤纹围绕的“凤”字，尽显“红色经典·西凤酒”的高贵。此外，有些高端月饼的外包装也在设计时吸收凤凰元素，把月饼团圆的寓意与凤凰美好吉祥的寓意进行融合，从而吸引消费者的眼光，进而实现提高销售量的目的。

3. 凤民俗元素在首饰装饰中的应用

传统吉祥图案中，有很多纹样元素造型简洁、样式大方，很符合现代人的审美情趣。这些为消费者所熟知的传统吉祥图案，经常被设计师直接应用到首饰之中。这里所说的直接应用并不是纯粹的生搬硬套，而是在选定符合首饰装饰图案的基础上进行二次设计，以符合当代消费者的审美需求。

凤纹作为传统吉祥图案在首饰设计之中也占据一席之地。如“雅天妮”公司设计的经典凤凰系列，设计师就是从凤凰图案中获取灵感的。整个首饰采用的是人们日常生活中最喜闻乐见的造型，对胸针上凤鸟造型的头部和翅膀做了精细化的描绘，使其充满了活力；凤鸟尾部设计简洁大方、潇洒飘逸，并镶嵌玛瑙渲染首饰颜色的多样性，展现出多姿多彩凤鸟造型。

凤尾形戒指是一款简约大气、蕴含着吉祥美好寓意的情侣对戒。它的设计灵感源于凤鸟优美的尾部羽毛造型，设计师通过大胆想象、抽象形态，以凤鸟的造型线条为设计基础，通过简化凤鸟的躯干部位、夸大凤鸟的尾部，形成点与线、首与尾的强烈反差，使其具有简约、大方的自然美，尾部两片凤羽互相穿插交错，使得整体造型错落有致，最终设计出一款符合现代情侣审美需求的首饰。

第二节　文化旅游开发对凤民俗的传承发展

民俗文化是一个国家、一个民族人民群众社会生活最真实的写照，是这个国家、民族优秀历史文化的结晶，它拥有独特性和不可替代性的特征，蕴含着丰富的文化内涵。目前民俗旅游的内容主要包括生活文化、节日文化、信仰文化、民间游艺、歌舞娱乐等。全国许多地方都流传着关于凤的神话传说，因为每个地区的自然环境、文化背景、风俗习惯等方面的不同，凤凰传说又与当地的生活环境相结合，生根发芽，形成了不同的关于凤凰的民俗，它们共同构建了我国丰富多彩、异彩纷呈的凤凰民俗文化。从民俗旅游角度来说，这些凤凰民俗文化具有独特性和不可复制性，因而成为民俗旅游的重要组成部分，能够为充实旅游内容、打造旅游载体服务，成为旅游经济发展的基础性资源之一。

因此，许多地方根据自身的特色利用凤民俗资源来发展旅游产业，吸引了旅游爱好者游览观光，感受凤文化的魅力。

一、凤民俗对于文化旅游开发的价值

凤元素作为民俗旅游资源的重要组成部分，有着极大的开发潜力和价值。具体而言，主要体现在以下几个方面：

1. 弘扬推广中华凤文化

民俗旅游资源种类繁多，如物质民俗、精神民俗、社会民

俗、语言民俗等。这些民俗旅游资源有着神秘性、朴实性等特点。开发凤主题的民俗旅游，可以让海内外游客观赏体验中国传统凤文化，感受其中蕴含的丰富文化内涵，游客还可以起到媒介的作用，传播和弘扬我国凤文化，扩大我国凤文化的影响力。

2. 满足游客娱乐需求与精神需求

游客出来旅游，是为了放松心情，感悟生活。而开发凤主题的民俗旅游正好可以满足游客愉悦身心的需求。比如，洪湖凤舟竞赛、实景演出《龙凤舞中华》等，这些都是在开发凤民俗资源的背景下开展的民俗旅游活动，这种活动在娱乐性、互动性、观赏性等方面都有感官体验。游客在旅游的过程中，可以了解凤文化的来龙去脉，感受当地的民俗风情，最终可以在这种民俗活动中实现游客娱乐的心理需要。

3. 促进文旅产业经济发展

民俗资源创新开发是文化旅游的重要载体。在凤文化发源地或者凤文化氛围浓厚的地方，根据凤文化自身的特点，在满足市场需求的前提下，坚持经济效益与社会效益相结合的原则，对凤文化民俗资源进行可持续地开发。另外，凤民俗资源的旅游开发能够带动住宿、餐饮、交通等其相关行业的发展，这样就为本地区民众创造了更多就业和发家致富的机会，因此，凤民俗主题的文化旅游开发对地区经济发展、提高地区民众收入都具有积极的意义。

二、湖北洪湖乘风村“凤凰之乡”凤舟习俗

洪湖市隶属于湖北省荆州市，其下辖的乘风村有着“凤凰之乡”的美誉，独具特色的凤舟习俗已被列入湖北省第三批非物质文化遗产名录之中。据《洪湖县志》记载，洪湖凤舟起源于清光绪年间，距今有一百多年的历史。《清俗志》记载，有

人参奏慈禧太后：新堤镇有“龙抬凤”花灯活动，素以龙灯为先，凤灯紧随，此举是对太后不恭，慈禧听后大怒，规定此后凤在前，龙在后。随着历史流变，从灯到舟，渐有龙凤双舟，并在发展过程中形成了“东岸划龙舟，西岸划凤舟”的风俗。洪湖地区的凤舟当属乘凤村的凤舟名气最大，此地凤舟别具一格：舟身长约 28 米，舟宽约 1.4 米，凤头高 1.5 米，凤尾长近 3 米，舟身是一道道红、绿、蓝描绘而成的凤羽。

洪湖地理位置优越，湿地生态、红色文化、三国文化等旅游资源丰富，该地政府将凤舟文化与当地的其他旅游资源进行整合重构，挖掘凤舟文化内涵，充实洪湖区域旅游品牌。每年端午节，就有旅游者来到此地观看凤舟比赛，亲身去划凤舟，在体验中感受凤舟文化，还可以体验渔家风情、欣赏红色经典、感受三国历史气息。总之，该地形成了以自然资源为载体，以三国文化、红色文化为基础，以凤舟文化为内涵的旅游模式。

三、广东深圳中国民俗文化村《龙凤舞中华》

民俗文化旅游开发模式多种多样，不同地区会根据自身的资源因地制宜地进行旅游开发。深圳原为广州的一个小渔村，本身没有多少民俗文化资源，但它充分利用了经济、科技、市场等优势条件，把中国各地独具特色的民俗文化资源浓缩在中国民俗文化村之中，使其成为国内第一个集全国各民族民间艺术、民俗风情和民居建筑于一园的文化旅游景区。它全方位、多角度地向游客展示我国各具特色、丰富多彩的民族风情和民俗文化，让海内外的游客在一个景区内就能充分感受中华民族别具一格的文化魅力。因此，中国民俗文化村也赢得了“中国民俗博物馆”的美誉。中国民俗文化村中的民族村寨、技艺是景区的骨架，其中的民俗文化、民风民情就是其血肉，凤文化在中国许多民族文化中都占有一席之地，因此，中国民俗文化村也将其应用起来，其中大型华夏综艺史诗晚会《龙凤舞中华》，最能彰显中国民俗文化村中凤元素的应用。

《龙凤舞中华》是中国民俗文化村在总结这么多年演艺创作经验的基础上，汲取了国内外大型晚会的创意、技术和表现形式的精华，创作内容高度浓缩了中国民间舞蹈、戏曲、杂技、灯彩、传说、竞技等民俗文化，实现了对这些民俗文化的创新和演绎。晚会以象征中华民族的龙凤为名，就是为了让观众一目了然地对晚会内容有大概的了解。这台晚会共分为《远古回音壁》《民俗风情画》《彩凤踏云飞》三场，其中《彩凤踏云飞》是全场晚会的高潮。金、黄、蓝等各种颜色的凤凰在灯光、音乐、焰火的映衬下登台表演，伴随着舞蹈的节奏，一直驾云飞舞的凤凰也出现在舞台中央，将整个晚会的氛围推向了顶峰。这场晚会弘扬了中国的龙凤文化，也展现了中华民俗文化的魅力。此外，依托陶器、玉器、瓷器、丝绸、壁画等载体展现凤文化的博物馆和融合凤元素的刺绣、剪纸等旅游产品都深受广大游客喜爱，推动了我国民俗旅游业的发展。

四、湖南湘西凤凰古城南华山神凤文化景区

“一座青山抱古城，一湾沱水穿城过。”沱江被称为凤凰城的母亲河，横亘古城的南华山则被誉为凤凰城的父亲山。南华山位于湖南省湘西土家族苗族自治州凤凰县凤凰古城南侧，它呈月牙形环抱凤凰城，默默守护着凤凰古城，其中神凤文化风景区更为南华山秀丽的风光增添了魅力。

南华山神凤文化景区是中国首个凤凰文化全体验景区，它的规划以凤凰古城为基础，以森林公园为底本，以凤文化为核心，以创意为保障，创造性地构建了与凤凰古城相契合的凤主题文化旅游景区，与凤凰古城相得益彰，成为湘西旅游新宠。

景区以源远流长的凤凰文化为主题，其中的亭、台、桥、柱、殿等建筑和空间都蕴含着凤元素，生动形象地向游览者展示中华凤文化的魅力。景区有凤凰六句阵、凤凰台、凤林竹海、有凤来仪、凤缘亭、神凤殿等十多处主题景点。其中神凤殿是整个景区的核心胜地，殿台的中央尊奉着中华古凤神邸，庄严神圣，供游客观赏敬拜，并再现“见则天下安宁”凤图腾主题朝拜仪式。“凤凰台上凤凰游”，凤凰台是观赏整个凤凰古城的绝佳地点，游客登上凤凰台，向下俯瞰，玉氏山房、沱江跳岩、虹桥、万名塔等特色景点尽收眼底，此外，凤凰台还成为摄影爱好者和写生绘画人士的首选之地。总之，在神凤文化风景区，游客不仅能够了解凤凰曲折、坎坷、传奇的演变历程和湘楚文化，更能感受凤凰人民的质朴纯真和热情好客。

总之，要清楚地认识到凤民俗旅游资源开发的重要价值和意义，在可持续开发的原则上，兼顾凤民俗旅游开发的社会效益和经济效益，坚决防止为追求眼前的利益，出现竭泽而渔的情况。另外，本着对历史、后世子孙负责的态度，在开发时还要处理好凤民俗资源开发与传承的关系，既要有效利用凤民俗资源旅游开发促进当地经济发展，又要增强民俗文化资源的保护意识，对当地的凤民俗资源进行保护性开发，实现经济效益和社会效益的共赢，进而促进我国文化旅游产业的可持续发展。

参考文献

（一）理论著述

［奥］弗洛伊德：《图腾与禁忌》，杨庸一译，中国民间文艺出版社，1986年。

［英］弗雷泽：《图腾崇拜》，海通、何星亮译，广西师范大学出版社，2004年。

［法］埃米尔·涂尔干：《宗教生活的基本形式》，渠东、汲喆译，上海人民出版社，1999年。

［德］恩斯特·卡西尔：《人论》，上海译文出版社，1985年。

［英］哈里森：《古代艺术与仪式》，刘宗迪译，生活·读书·新知三联书店，2008年。

［英］马林诺夫斯基：《巫术科学宗教与神话》，李安宅译，中国民间文艺出版社，1986年。

（晋）干宝：《搜神记》，汪绍楹校注，中华书局，1979年。

（南朝梁）宗懔：《荆楚岁时记》，山西人民出版社，1987年。

（唐）张鷟：《唐五代笔记小说大观·朝野佥载》，上海古籍出版社，2001年。

钟敬文：《民俗学概论》，上海文艺出版社，2012年。

顾方松：《凤鸟图案研究》，浙江工艺美术出版社，1984年。

蔡易安：《中国龙凤艺术研究》，河南美术出版社，1987年。

徐华铛：《中国凤凰》，中国轻工业出版社，1988年。

王大有：《龙凤文化源流》，北京工艺美术出版社，1988 年。
王大有：《龙凤传人》，河北少年儿童出版社，1992 年。
王维堤：《龙凤文化》，上海古籍出版社，2000 年。
王从仁：《凤凰》，学林出版社，2002 年。
陈勤建：《中国鸟信仰——关于鸟化宇宙的思考》，学苑出版社，2003 年。
庞进：《凤图腾——中国凤凰文化的权威解读》，中国和平出版社，2006 年。
庞进：《中国凤文化》，重庆出版社，2007 年。
何新：《诸神的起源——论龙与凤的动物学原型》，中国民主法制出版社，2008 年。
庞进：《中国祥瑞：凤凰》，陕西出版集团，陕西人民出版社，2012 年。
吴艳荣：《中国凤凰——从神坛到人间》，浙江大学出版社，2014 年。
袁珂：《山海经校注》，上海古籍出版社，1980 年。
王利器：《风俗通义校注》，中华书局，1981 年。
夏曾佑：《中国古代史》，中国文史出版社，2015 年。
茅盾：《神话研究》，百花文艺出版社，1997 年。
沈从文：《中国古代服饰研究》，上海书店出版社，2005 年。
江绍原：《发须爪——关于它们的迷信》，中华书局，2007 年。
刘锡诚、王文宝：《中国象征辞典》，天津教育出版社，1991 年。
濮安国：《中国传统艺术》，中国轻工业出版社，2000 年。
周汛、高春明：《中国衣冠服饰大辞典》，上海辞书出版社，1996 年。
郭志超：《畲族文化述论》，中国社会科学出版社，2009 年。
萧兵：《龙凤龟麟——中国四大灵物探究》，华中师范大学出版社，2014 年。
马美惠：《中华文明历史长卷——手工艺卷》，北京工业大学出版社，2013 年。
陈绍辉、邓丹丹、陈文华：《荆楚民间工艺》，武汉出版社，2014 年。
林凯龙：《潮汕古俗》，生活·读书·新知三联书店，2016 年。
王革非：《古代婚姻与女性婚服》，中国经济出版社，2016 年。
廖明君：《生殖崇拜的文化解读》，广西人民出版社，2006 年。
高度、黄奕华：《中国民族民间舞蹈概论》，上海音乐出版社，2014 年。
柳雅青：《荆楚舞蹈》，武汉出版社，2014 年。

程天健：《中国民族音乐概论》，上海音乐学院出版社，2004 年。
郑军：《中国历代凤纹纹饰艺术》，人民美术出版社，2005 年。

（二）学位论文

钟金贵：《中国崇凤习俗初探》，湘潭大学硕士学位论文，2005 年。
任荭：《中国凤凰图像研究》，中国艺术研究院硕士学位论文，2014 年。
郑连军：《凤纹的演化特征和应用研究》，江南大学专业硕士学位论文，2008 年。
李芳：《汉代玉器凤鸟纹饰及在现代设计中的应用研究》，安徽大学硕士学位论文，2014 年。
胡秋萍：《服饰凤纹研究及其在现代服饰设计中的应用》，江南大学硕士学位论文，2010 年。
王森：《凤鸟纹瓦当造型艺术研究》，西安美术学院硕士学位论文，2013 年。
张薇：《龙凤呈祥——论中国龙凤形象的艺术特色》，河北大学硕士学位论文，2008 年。
王萍：《非物质文化遗产视角下郧阳凤凰灯舞的演变与传承》，西华师范大学硕士学位论文，2016 年。
赵莹：《经典凤纹研究与现代凤纹的传承》，鲁迅美术学院硕士学位论文，2013 年。
鞠玲英：《中国凤凰意象的诗意流播之研究》，暨南大学硕士学位论文，2010 年。
杨柳：《原始社会至唐代龙凤纹的演变及规律分析》，中国地质大学（北京）硕士学位论文，2010 年。
刘婕：《凤图腾符号在广告设计中的创新研究》，湖北工业大学硕士学位论文，2014 年。
王玮：《安徽凤阳凤画的数字化保护与开发研究》，江南大学硕士学位论文，2014 年。
杨颖：《战国时期楚漆器中凤鸟形象的审美价值》，武汉纺织大学硕士学位论文，2013 年。
项婉钰：《凤凰图腾及凤鸟图案在现当代服饰中的应用研究》，苏州大学硕士学位论文，2017 年。
杨畅：《广西龙州壮族花凤舞研究——以金龙镇板烟屯为例》，广西民族大学硕士学位论文，2013 年。
张雯：《中国传统凤凰图式在纸艺中的创作表现研究》，苏州科技大学硕士学位论文，2019 年。
卢佳智：《楚凤鸟纹饰在现代文创产品中的运用》，长江大学硕士学位论文，2019 年。

（三）期刊论文

敖依昌：《凤神话溯源》，《重庆师院学报（哲学社会科学版）》1996 年第 1 期。
曹惠琴：《传统凤纹在数字艺术设计中应用和展望》，《湖南科技学院学报》2015 年第 12 期。
曹林娣：《凤文化与装饰纹样》，《艺苑》2008 年第 5 期。
曹培芹：《凤阳凤画的基本主题与民俗意蕴探论》，《美与时代（中）》2016 年第 7 期。
陈华文：《端午节的文化传承：凤舟竞渡与女性参与》，《广西民族大学学报（哲学社会科学版）》2016 年第 5 期。
陈杰：《凤文化的思想及现代性延伸》，《湖北第二师范学院学报》2015 年第 6 期。
陈丽爽：《安徽凤阳凤画的民俗符号解读》，《美术界》2012 年第 4 期。
陈勤建：《民俗——日常情景中的中国人的精神生活》，《民俗研究》2007 年第 3 期。
陈勤建：《中国鸟信仰的形成、发展与衍化》，《华东师范大学学报（哲学社会科学版）》2003 年第 5 期。
陈栩、陈东生：《福建宁德霞浦地区畲族女性服饰图案探议》，《纺织学报》2009 年第 3 期。
陈支越：《龙州布傣花凤舞健身价值研究》，《广西民族大学学报（哲学社会科学版）》2014 年第 6 期。
丛彦博：《浅析北方少数民族的凤凰造型崇拜》，《长春师范大学学报》2017 年第 11 期。

冯玉涛：《凤凰崇拜之谜》，《人文杂志》1991 年第 5 期。
高晓黎：《中国凤鸟图案源流及其民俗性》，《艺术教育》2009 年第 1 期。
龚维英：《东西方“凤皇涅槃”比较研究——对神话中的日、火、鸟关系之综合考察》，《苏州大学学报》1988 年第 2 期。
顾希佳：《从鸟崇拜到鸟神话——史前时期浙江民间故事母题寻绎》，《浙江学刊》2003 年第 1 期。
郭丰秋：《楚凤元素在现代服装图案设计中的创新应用研究》，《装饰》2017 年第 12 期。
郭绍义、陈越：《中国凤图腾文化在当代平面设计中的应用探讨》，《设计》2015 年第 21 期。
何丹：《试论中国凤文化的“历史素地”及其在文化类型学上的深层涵义》，《中国文化研究》2008 年第 2 期。
何新：《“凤凰”补说》，《河北学刊》1988 年第 3 期。
贺利：《谈谈凤凰及陶瓷器上的凤纹》，《故宫博物院院刊》1986 年第 1 期。
胡俊敏：《中华文化的崇凤情结》，《上海工艺美术》2005 年第 1 期。
胡秋萍、崔荣荣：《服饰凤纹的历史与文化意蕴》，《新闻爱好者》2010 年第 8 期。
黄交军：《从〈说文解字〉看中国先民的凤鸟文化》，《江苏广播电视大学学报》2008 年第 1 期。
贾朝晶：《凤鸟图腾与其审美意识探微》，《戏剧之家》2019 年第 15 期。
姜文学：《龙凤艺术的文化渊源》，《内蒙古民族大学学报（社会科学版）》2002 年第 3 期。
蓝雪花：《畲族凤凰崇拜及其源流初探》，《闽西职业大学学报》2005 年第 2 期。
李健民：《畲族民俗信仰的道教色彩》，《中南民族学院报（哲学社会科学版）》1996 年第 5 期。
李乔：《安徽非遗民间美术“凤阳凤画”发展与创作现状研究》，《吉林广播电视大学学报》2018 年第 3 期。
李晓娅：《浅析古代凤鸟设计对服装创作的影响》，《美与时代（中）》2015 年第 1 期。
李义芳：《洪湖凤舟竞渡与水神祭祀》，《长江大学学报（社科版）》2016

年第 8 期。
刘德华：《中华凤文化及其传承与发展》，《江苏理工学院学报》2019 年第 6 期。
刘敦晓：《广元女儿节凤舟赛的起源与发展探析》，《四川体育科学》2018 年第 5 期。
刘金荣：《凤凰鸵鸟说质疑》，《浙江社会科学》2008 年第 7 期。
刘亮：《凤雏村名探源——从甲骨文看周人对凤的崇拜》，《文博》1986 年第 1 期。
刘祥、高深：《中国崇凤文化研究综述》，《湖南广播电视大学学报》2015 年第 1 期。
刘晓春：《从“民俗”到“语境中的民俗”——中国民俗学研究的范式转换》，《民俗研究》2009 年第 2 期。
刘重嵘、叶洪光：《湖北传统阳新布贴中凤纹样艺术表现形式》，《武汉纺织大学学报》2015 年第 4 期。
卢冬英：《分析凤纹设计案例探索“中国元素”设计之路》，《艺术与设计（理论）》2010 年第 3 期。
陆思贤：《龙凤传说与中华民族的起源》，《内蒙古师大学报（哲学社会科学版）》1988 年第 4 期。
罗碧英：《荆楚凤鸟纹样的应用研究》，《设计》2017 年第 5 期。
罗微：《人类学视野的古代汉族凤冠符号象征意义》，《青海民族研究》2006 年第 1 期。
吕建昌：《汉代玉凤纹的文化内涵》，《四川文物》2008 年第 1 期。
糜若焉：《龙凤崇拜及其他——中国风俗文化之浅谈》，《中文自学指导》2002 年第 5 期。
南措姐、程忠红：《试论藏族鸟图腾的文化内涵》，《西藏艺术研究》2015 年第 4 期。
牛天伟：《试探凤凰画像的民俗文化意蕴》，《中国汉画学会第十届年会论文集》2006 年。
庞进：《凤凰传说的类型分析》，《西安航空技术高等专科学校学报》2001 年第 2 期。
桑俊：《新农村建设视野下的凤舟竞渡》，《长江大学学报（社科版）》2016 年第 8 期。

史延廷：《鸟图腾崇拜与吴越地区的崇鸟文化》，《社会科学战线》1994年第3期。
孙海霞：《凤画艺术形象及民间口传文化传承研究》，《景德镇学院学报》2019年第6期。
田莉莉：《“楚人崇凤”心理的民俗学释读——从“天上九头鸟，地上湖北佬”说起》，《广西民族学院学报（哲学社会科学版）》2006年第S1期。
汪曦、崔荣荣：《基于民俗语意的凤尾裙符号解读》，《丝绸》2019年第11期。
王菲菲：《广东怀集县舞凤风俗及其舞蹈音乐概说》，《星海音乐学院学报》2005年第1期。
王晖：《凤文化原型面面观》，《中学历史教学参考》1994年第5期。
王家树：《龙凤形象及其历史文化背景——龙凤形象学初探》，《装饰》1988年第1期。
王珏：《凤的文化内涵》，《玉林师范学院学报》2009年第1期。
王梦琪：《凤形象的女性化与洪湖凤舟文化》，《中国民族博览》2017年第11期。
王萍、杨明发：《郧阳凤凰灯舞的演变与传承》，《长春师范大学学报》2015年第6期。
王水根：《鸟图腾及相关问题》，《殷都学刊》1994年第1期。
王扬：《龙凤文化探微》，《湖南省社会主义学院学报》2014年第6期。
韦秀玉、杨童：《洪湖凤舟竞渡：艺术史视角下的女性参与价值》，《社会科学动态》2018年第6期。
乌丙安：《走进民俗的象征世界——民俗符号论》，《江苏社会科学》2000年第3期。
吴海广：《论楚凤造型艺术特征的文化意蕴》，《华中农业大学学报（社会科学版）》2004年第2期。
吴艳荣：《论凤凰的“性”变》，《江汉论坛》2005年第5期。
吴艳荣：《凤文化蕴含的和谐因子与当代价值》，《武汉科技大学学报（社会科学版）》2011年第5期。
吴雁云：《潮汕民俗奇观——浅谈揭阳龙砂乡“竖灯竿升彩凤”习俗》，《岭南文史》2010年第2期。

吴越民：《象征符号解码与跨文化差异》，《浙江大学学报（人文社会科学版）》2007 年第 2 期。
肖淮：《论安徽凤画的艺术特征及其吉祥符号表现》，《宜春学院学报》2013 年第 4 期。
徐华铛：《传统凤凰图案的种类和应用》，《古建园林技术》1993 年第 3 期。
闫德亮：《神话中的龙凤文化》，《寻根》2007 年第 6 期。
杨飞雪：《壮族花凤舞的文化内涵与传承路径研究》，《大众文艺》2016 年第 10 期。
杨克石：《凤——中华传统文化的艺术之魂》，《美术大观》2009 年第 5 期。
杨远：《史前到商周时期的凤鸟纹样研究》，《郑州大学学报（哲学社会科学版）》2015 年第 2 期。
姚伟钧、夏克丽：《荆楚崇凤与洪湖凤舟竞渡探析》，《长江大学学报（社科版）》2016 年第 7 期。
叶舒宪：《玄鸟原型的图像学探源》，《民族艺术》2009 年第 3 期。
游红霞、田兆元：《凤舟的民俗叙事与文化建构——以湖北洪湖的凤舟文化为例》，《长江大学学报（社科版）》2016 年第 10 期。
于联凯、于澎：《凤文化琐谈》，《临沂师范学院学报》2001 年第 2 期。
余心言：《中华凤文化漫谈系列（之一）——凤的起源》，《百科知识》1999 年第 9 期。
余子义：《郧阳凤凰灯舞研究》，《体育文化导刊》2015 年第 4 期。
俞敏、崔荣荣：《凤凰装与畲族传统服饰文化探究》，《纺织学报》2011 年第 10 期。
臧彤：《论凤文化对中国人精神文化的影响》，《重庆科技学院学报（社会科学版）》2010 年第 3 期。
张慧光：《中国传统凤纹图像与现代设计》，《大理学院学报》2011 年第 11 期。
张敏、陈婷婷：《论湖北凤文化资源的开发与利用》，《文化发展论丛》2017 年第 2 期。
张娜：《中国人崇凤原因探究》，《淮北职业技术学院学报》2015 年第 2 期。

张姝娴：《凤文化在现代设计中的应用探究》，《艺术与设计（理论）》2011 年第 1 期。
张文文：《徽州雉山凤舞的田野调查与传承价值思考》，《铜陵学院学报》2019 年第 3 期。
张祥爱、叶嘉惠：《凤凰图腾与凤鸟图案在当代服饰中的特点与创新运用实践》，《江苏丝绸》2019 年第 3 期。
张正民：《广元凤舟的历史嬗变与人文价值——一项民俗体育活动的文化人类学解读》，《成都体育学院学报》2010 年第 10 期。
赵赟：《凤鸟涵义考》，《新疆大学学报（哲学人文社会科学版）》2009 年第 2 期。
甄勇刚、蔡岩：《凤舞东方》，《北方音乐》2007 年第 10 期。
朱红荣：《中西文化视野下凤文化意蕴之比较》，《时代文学（上半月）》2011 年第 4 期。

后 记

于凤，我总是怀有一种莫名的特殊情感，许是因为我的名字叫金龙，与凤天然有着某种内在关联，我妹妹的名字里原来含有一个凤字，我发小的妹妹名字也有一个凤字，在某种程度上寄予了父母长辈望子成龙、望女成凤的最美好的向往期待，折射出中国老百姓对于金龙玉凤、人中龙凤、龙飞凤舞、龙凤呈祥的最朴实的心意愿望。

龙、凤虽然在现实社会生活中并不存在，却是中国老百姓千百年来在日常生活实践中建构出来的图腾神物、神圣祥瑞的灵物，寄寓着他们的民俗信仰、文化心理和审美情感，成为中华民族的精神象征和文化标识。炎黄子孙应是“龙凤传人”。平心而论，学界关于龙文化的研究洋洋洒洒，蔚为大观，而关于凤文化的研究却是寥若晨星，屈指可数。

于是，湖北省社科院原副院长刘玉堂老师组织策划了这套《中华凤文化研究书系》，尽力弥补这一缺憾。关于《凤与中国民俗》，他首先想到了我。承蒙先生信任厚爱，我既是欣喜又是惶恐：一则发挥自己专业所学，可以了却多年来的一个夙愿；二来借此机会更深入钻研饶有兴味的凤民俗，以此管窥中国民俗象征和民间吉祥文化；三是恰巧我赴美访学一年，身居海外，唯恐精力不济而辜负了刘老师和出版社的厚望重托。好在平时有积累，加上有国家文化产业研究中心作为支撑平台、有导师黄永林老师及其团队作为后盾，我信心倍增，踌躇满志，很快组建了研究团队，制订了方案，明确了任务，设计了框架，理顺了思路，并手把手带领小伙伴们一起来钻研探究凤民俗，指导他们进行田野调研考察，深入长沙、武汉、荆州、洪湖、台湾等地搜集资料，甚至利用了美国相关数据库、博物馆和图书馆。如今呈现出来的这本小书，数易其稿，精心打磨，反复锤炼，某种意义上算是团队智慧的结晶。我先后带领十位研究生做了大量调查访谈、资料收集和研究工作，具体情况是：王梓薇参与第一章；叶青、汪泽琪参与第二章；盖萌萌参与第三章；曾晓梅、陈昱琼参与第四章；许秋伊参与第五章；邓清源参与第六章；张阳参与第七章；姜博雅参与校对。

本书讲究图文并茂、旁征博引，追求深入浅出、雅俗共赏，主要从凤与民俗象征、凤与民间信仰、凤与民俗生活、凤与礼仪节庆、凤与民间文学、凤与民间艺术以及凤民俗在当代的传承发展等方面，力图全方位扫描式深度展示老百姓日常生活中的凤民俗，厘清凤民俗的发展源流，挖掘凤民俗背后蕴含的民俗象征和文化意蕴，为中华凤民俗、中华凤文化研究抛砖引玉、添砖加瓦。寄望以凤与中国民俗为抓手，以凤与中国文化为契机，进一步讲好中国故事，弘扬中华优秀传统文化，挖掘民俗文化资源，阐释民族文化精神，推动中华优秀传统文化的创造性转化和创新性发展，为推动凤民俗传承传播、提升中华文化影响力做点力所能及的贡献。限于眼界学识，书中难免有些疏漏不足，恳请读者诸君多多批评指正。

最后，衷心感谢总主编刘玉堂教授的关心和支持，感谢黄永林教授、马克·本德尔教授的鞭策、激励和帮助。同时，感谢所有关心、支持、帮助我的人们！并感谢国家社科基金后期资助项目“非物质文化遗产资源转化”的支持。感谢风民俗研究带给我的一系列好运福气，特别是在写作研究过程中我家二宝出世，赐我儿女双全，成全了一个“好”字。

徐金龙
2023 年 7 月 17 日于武汉华大家园

图书在版编目（CIP）数据

风与中国民俗/徐金龙著. --武汉：湖北教育出版社，2024. 6
（中华风文化研究书系/刘玉堂主编）
ISBN 978-7-5564-6124-0

Ⅰ. ①风… Ⅱ. ①徐… Ⅲ. ①风俗习惯—传统文化——研究—中国 Ⅳ. ①K892

中国国家版本馆 CIP 数据核字（2024）第 111523 号

风与中国民俗

出品人	方 平	策 划	刘 艺 李作君
责任编辑	邓珍珍	责任校对	李庆华
封面设计	李 枫 张岑玥	责任督印	刘牧原

出版发行	长江出版传媒	430070 武汉市雄楚大道 268 号
	湖北教育出版社	430070 武汉市雄楚大道 268 号
经 销	新 华 书 店	
网 址	http://www.hbedup.com	
印 刷	武汉市新华印刷有限责任公司	
地 址	武汉市江夏区大桥新区邢远长街 18 号	
开 本	710mm×1000mm 1/16	
印 张	13.5	
字 数	156 千字	
版 次	2024 年 6 月第 1 版	
印 次	2024 年 6 月第 1 次印刷	
书 号	ISBN 978-7-5564-6124-0	
定 价	58.00 元	

（图书如出现印装质量问题，请联系 027-83637493 进行调换）

鸟生商的神话：

> 殷契，母曰简狄，有娀氏之女，为帝喾次妃。三人行浴，见玄鸟堕其卵，简狄取吞之，因孕生契。契长而佐禹治水有功。帝舜乃命契曰："百姓不亲，五品不训，汝为司徒而敬敷五教，五教在宽。"封于商，赐姓子氏。[1]

①（汉）司马迁：《史记·殷本纪》，中华书局，1972年，第91页。

类似的，还有秦国的始祖神话。秦国自认是商的后代，他们的始祖神话与"玄鸟生商"如出一辙，应该是同一则神话的两个变体：

> 秦之先，帝颛顼之苗裔孙曰女脩。女脩织，玄鸟陨卵，女脩吞之，生子大业。大业取少典之子，曰女华。女华生大费，与禹平水土。已成，帝锡玄圭。禹受曰："非予能成，亦大费为辅。"帝舜曰："咨尔费，赞禹功，其赐尔皂游。尔后嗣将大出。"乃妻之姚姓之玉女。大费拜受，佐舜调驯鸟兽，鸟兽多驯服，是为柏翳。舜赐姓嬴氏。[2]

②（汉）司马迁：《史记·秦本纪》，中华书局，1972年，第173页。

显然，这符合涂尔干所说的图腾获取的偶然性，原始先民很有可能不懂生育和性行为之间的关系，他们认为每次怀孕都是一种神秘受孕的结果。这很类似于澳洲阿兰达人的图腾制度。"据他们说，这是由于一位祖先的灵魂进入了妇女体内并在那里变成了一个新生命的本原。所以在妇女感觉到孩子的最初颤动的那一刻，她就会想象，在她当时恰好所在的地方，一个原本栖居在那里的灵魂刚好进入了她体内。因为即将诞生的孩子只是祖先的重新转生，所以他们必然拥有相同的图腾……在女人意识到她妊娠的那个特定时刻，她必定认为使她感到怀有身孕的那个精灵来自于周围的事物，尤其是来自那些此时此

以和，和谐共处”[1]。先人在畏惧自然的同时更敬畏自然、保护自然，形成一种可持续发展的模式。鸟尤其是一些大型鸟类，在振翅的时候会有飞沙走石之力，这种威力为先民所不及，人们自然便将鸟的威力与凤的神秘属性联系在一起。

①萧兵：《龙凤龟麟——中国四大灵物探究》（下册），华中师范大学出版社，2014年，第535页。

更为重要的是，鸟具备很强的繁殖能力，是鸟崇拜的基础。鸟类秋去春来，又代表着四季的循环，类似于人类的生老病死。先人们通过鸟类看到四季流转、生命的周期变化，发现自然规律，把鸟看作是有灵性的动物、神性的存在，因此认为鸟是凤的化身。屈原在《天问》和《离骚》中说到简狄时，就把玄鸟和凤鸟作为同义词。“凤”是鸟的神化形态。凤是百鸟之王，融合了多种动物的形态特征。“凤凰最早的母型是凶悍的鹰鹫，壮伟而非一般之美；后来则加冠增尾，夸饰毛羽，越来越华丽尊贵，终于成为中华民族最‘美’的神鸟。”[2]在民间信仰当中，凤被看作是“神鸟”，鸟能够飞翔，这正是人们所羡慕的地方，所以人们认为崇鸟能带来吉祥福瑞，并且人们认为鸟群之中本领最大的就是凤。五色备举，光华满身，凤凰是“鸟王”，它能载人升天，凤崇拜就产生了，并随着时间的发展，凤在人们心中的地位越来越高，渐渐取代了对其他鸟的崇拜。

②萧兵：《龙凤龟麟——中国四大灵物探究》（下册），华中师范大学出版社，2014年，第526页。

（二）凤与鸡崇拜

按照《说文解字》上的说法，凤具有鸡的长喙尖嘴，还有说法认为凤凰头部有冠羽，而形似鸡冠，再如常言所说“鸡窝里飞出金凤凰”，都可以看出凤与鸡有着不可置疑的渊源关系。

在原始先民看来，鸡鸣代表着一天的开始，他们认为鸡唤醒了太阳，太阳能带来光明和温暖，所以鸡是一种非常神秘的动物。这种神秘感让人们以为它具有预测未来的力量，于是人们开始用鸡来占卜，用以预测凶吉。后来人们越来越多地想从

从文字学的角度看，凤崇拜和风崇拜之间有难以分割的联系。“风”和“凤”的繁体字分别为“風”和“鳳”，风动虫生，风的里面是一个“虫”字，“凤”的里面是一个“鸟”字。而“虫”是古代对所有动物的一个总称，是一个宽泛的概念，不是现代人们所理解的昆虫。所以“虫”和“鸟”之间是有联系的，它们都是动物，并且它们之间还可以互换。在古代，鸟还有一种说法是“羽虫”，就是指带有翅膀的动物，“羽虫”种类很多，但凤是其中最优秀的一个，所谓“羽虫三百有六十，而凤为之长”。因而在甲骨文中，可以发现“凤”与“风”便是同一个字，相似且可以互换。以“风”为“凤”或以“凤”为“风”。

从古代文献典籍对凤的描述来看，《论语摘襄圣》中说凤有“六像九苞”，即凤的外在形象有六像九种特征，凤的头像天，眼睛像太阳，背部像月亮，两翼像风，脚像大地，尾像纬，凤和风应该有密切的关系。卜辞中屡次出现的“遘大凤”其实就是“遘大风”，因为卜辞“以凤为风”，多借用“凤”字来表示“风”的含义。此外，《初学记》所引的《山海经》中记载：“廆山之西有谷焉，名曰雚谷，其木多柳。凤伯之山，熊山，真陵之山，木多柳”，[1] 而今本《山海经》均作“风伯之山”，[2] 可见“风”与“凤”同为一字。《说文》讲凤白天“翱翔四海之外，过昆仑，饮砥柱，濯羽弱水”，晚上则要“莫宿风穴”。“风穴”实际上指的是“凤穴”。西汉马王堆帛书《天文气象杂占》中的“大风”之神，同样也是指的大鸟，是大鸟之神，大风实则就是大凤。由此观之，“凤”与“风”应该具有同源关系，先人们对凤的崇拜与风崇拜密不可分。

（二）凤与相风

“大风起兮云飞扬”“北风其凉，雨雪其滂”，大风具有的翻云覆雨的能力让人们惊叹之余产生恐惧之感，人们对风的这

①（唐）徐坚等辑：《初学记》（下），京华出版社，2000年，第491页。

②陈成：《山海经译注》，上海古籍出版社，2012年，第202页。

锐廉而不忮，洁之方也。”[1] 凤和玉一样，都是美德的显现与标志，楚辞中屈原以凤自喻，实则是表现自己的君子德行。楚国人无论男性还是女性，都喜欢佩戴玉饰，其衣服上的花纹多为凤纹，以展现自己谦谦君子抑或温婉如玉的形象。因而无论是凤还是玉，都是仁德的体现，都是孔子所信奉和提倡的。此外，孔子曰：“凤兮，凤兮，何德之衰！往者不可谏兮，来者犹可追也！”孔子把凤鸟看作圣人，并认为“凤鸟不至，河不出图，吾已矣夫！”[2] 因而在孔子思想体系下形成的儒教与崇凤观念息息相关。

①（清）段玉裁：《说文解字注》，上海古籍出版社，1982 年，第 10 页。

②杨伯峻：《论语译注》，中华书局，1980 年，第 89 页。

先秦时期儒家和诸子百家一样，只是众多学派当中的一种。儒教的正统地位从汉武帝的“罢黜百家，独尊儒术”开始，儒家思想强调大一统、强调“君为臣纲、父为子纲、夫为妻纲”的三纲五常。汉朝在汉武帝之前，都是以道家作为统治思想，汉代董仲舒吸收了道家和法家的思想，对儒家思想进行改造，提出了“君权神授”。于是凤凰成为儒家用来粉饰太平盛世、维护政治稳定的工具。也是在这时，凤文化、凤崇拜与儒教充分融合，成为维护政治统治的一种手段和途径。

汉代凤可以与儒教相融合，除了儒教本身所崇尚的仁、义、礼、智、信治国思想与凤的文化特质相通以外，汉代人具有强烈的天命观也是其重要的原因。人们相信祥瑞是上天的启示，是对仁德君主的奖励，他们相信福、祸都是由上天判定的，它是国家兴盛或者衰亡的重要标志。汉朝在谶纬大盛的同时，还借助人们对凤凰的崇拜和凤的神性特质来加强君权统治，巩固政权。

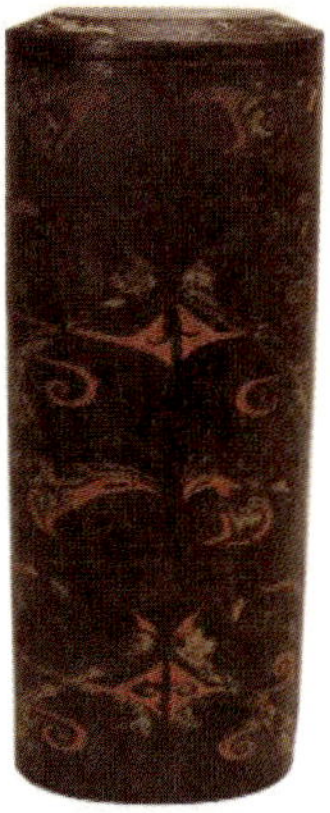

①程俊英：《诗经译注》，上海古籍出版社，2004年，第563页。

②《楚辞》，林家俪译注：中华书局，2009年，第73页。

③《吕氏春秋》，张双棣、张万彬、殷国光，等译注，中华书局，2007年，第65页。

④司马迁：《史记》，中华书局，2006年，第15页。

经》中便有着这样的记载，“天命玄鸟，降而生商”[1]。这简单的两句就概括了一个与商朝诞生有关的鸟神话。在随后出现的《楚辞》中，这一鸟神话的情节又有了进一步的发展，出现了具体的人名，“简狄在台，喾何宜？玄鸟致贻，女何喜？”[2]简狄被认为是商的始祖，降而生商则被扩展为玄鸟为她送来了聘礼。战国末期，《吕氏春秋》上所记载的版本对这个故事又有补充：“有娀氏有二佚女，为之九成之台，饮食必以鼓。帝令燕往视之，鸣若谥隘。二女爱而争搏之，覆以玉筐。少选，发而视之，燕遗二卵，北飞，遂不反。二女作歌，一终曰：‘燕燕往飞’，实始作为北音。”[3]在这里，降而生商故事被改写为帝命令燕子去找有娀氏的二位女儿，燕子飞去之后遗留下来两只燕卵。与之前的故事差别很大，消除了这个故事的情爱主题，而将此改写为音乐的起源神话。随着时间的推移，《史记》所记载的版本相较于前代文本又有新变化：“殷契，母曰简狄，有娀氏之女，为帝喾次妃。三人行浴，见玄鸟堕其卵，简狄取吞之，因孕生契。契长而佐禹治水有功。帝舜乃命契曰：‘百姓不亲，五品不训，汝为司徒而敬敷五教，五教在宽。’封于商，赐姓子氏。契兴于唐、虞、大禹之际，功业著于百姓，百姓以平。”[4]《史记》的记载充满神异的色彩，简狄吃了玄鸟的蛋，为什么就能生出商朝的祖先呢？这一记载并不是一个被科学所验证的事实，而是一则原始先民为了解释商朝来源的神话。从《诗经》到《史记》，“玄鸟生商”这个神话逐渐地被丰富。《史记》的记载成为后人最为熟悉的记载之一。从这些资料中，可以发现玄鸟与商代的产生和发展有着紧密的关联。

“玄鸟”究竟是什么，学者们对此有多种说法。周朝时期的人坚称玄鸟是燕子，《吕氏春秋》的记载更是直接把玄鸟写作燕子。闻一多赞同这种说法：“以玄鸟为凤皇，岂屈子偶误，抑传闻异词乎？尝试考之，盖玄鸟即凤皇，非屈子之误，亦非

进、文明的进化，凤在民间文化中被赋予诸多内涵，成为一个拥有多重指向的文化符号，这在民间艺术广泛应用的凤元素中可窥得一二。卡西尔（Ernst Cassirer）曾将人定义为符号的动物，他认为文化是人类符号运动的产物。[1]“凤文化”是中国人民经过几千年的文化实践后产生的重要文化符号。在丰富多彩的民间艺术活动中，人们广泛采用“凤”这一形象，无论是视觉上——绘画、剪纸、雕塑、织染、舞蹈表演，还是听觉上——民歌、山歌、乐器吹奏；无论是装点平淡的日常生活，还是庆祝盛大的民俗节日，人们都要赋予“凤”以独特的符号意义。民众以民间艺术作品为载体，将“凤”变化为各式各样的形态，通过不同的艺术手段对“凤”进行变形、夸张、比喻、象征，可以说，民间艺术作品融合了表现的主观性、造型及色彩的程式性。民间艺术的表现形式、风俗底蕴完美地增强了“凤”的审美功能，使其成为外观与内涵兼具的独特的中国符号。

①[德]恩斯特·卡西尔：《人论》，甘阳译，上海译文出版社，1985年，第34页。

本章将对不同民间艺术形式中存在的“凤”元素进行整理，对“凤”在民间所代表的价值符号、蕴含的民俗意义以及其给民俗生活带来的积极影响进行分析。但因包含凤元素的民间艺术极为繁多，本章只挑选了其中的一些典型，以此管窥整个民间艺术中“凤”之英姿。

第一节　民间工艺美术中的凤

民间工艺美术是指在宫廷美术、宗教美术和文人美术以外，由广大民众自发创造、享用并传承的美术。[2]民间工艺美术的创作群体并不是一成不变的——前期主要是农民和手工匠人；后期市民越来越多并在其中发挥了重要作用；到了当代，民间工艺美术品已成为完全由城乡民众自己创造、自己享

②钟敬文：《民俗学概论》，上海文艺出版社，1998年，第357页。

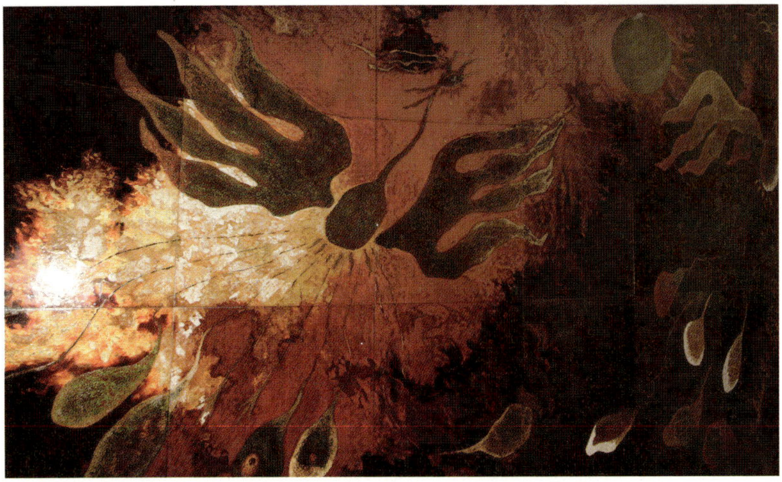

托作用，尤其与龙共舞有“龙凤呈祥”之意。

（九）《戏凤凰》

该舞将凤与凰分开，由一人扮演凤，一人扮演凰，是一种表现“凤求凰”的双人舞。凤和凰穿戴相同，唯一区别是凤冠前系丝质大红花，凰冠前系麻质红绣球。《戏凤凰》基本动作以脚下碎步、双臂上下起落扇翅为主，以双手碎抖翅、脚下小碎步、磋步等变化为辅。典型舞姿是“丹凤朝阳”，即上身前倾，双手身体两侧平伸，一腿向后高抬起，类似中国古典舞中的“探海”舞姿。双人舞蹈动作是围绕对方转一周，并同时抖翅。双人造型为凤在上、凰在下，凤胸部紧贴凰背部，二人叠加在一起，手平伸开做碎抖翅，以表现“凤求凰”。实际上，《戏凤凰》表演的就是凤与凰调情，追逐逗趣，最后交配的过程。

舞蹈在一定程度上反映了人们的潜意识，现在流传的一些凤凰舞蹈，会有凤凰交配、龙凤相戏、鸾凤共舞的情景，而这些在人们的心理中代表了最朴实的生殖崇拜的意识。《史记·殷本纪》云：“殷契，母曰简狄，有娀氏之女，为帝喾次妃。三人行浴，见玄鸟堕其卵，简狄取吞之，因孕生契。”这便是著名的“玄鸟生商”的神话传说。关于“玄鸟生商”的神话传说，郭沫若曾指出：“我相信这传说就是生殖器的象征，鸟直到现在都是（男性）生殖器的别名，卵是睾丸的别名。”[1]商器有“玄鸟妇壶”，其铭文由“玄鸟妇”三字组合而成。它也从另一个侧面传达出了殷商时代确实存在着鸟授孕生人的信仰。鸟在远古社会中，与人类生殖存在着一定的联系，鸟往往影响着人类后代的繁衍。[2]

婚恋是人类生命繁衍的一个非常重要的环节，生育则是人类生命繁衍的关键性环节。对子孙的期盼是人类自古以来的共同追求，而在十分讲究家庭与子孙绵延的中国，更是把多子多

①郭沫若：《郭沫若全集》，人民出版社，1982年，第328—329页。

②廖明君：《生殖崇拜的文化解读》，广西人民出版社，2006年，第432页。

